Coups de sifflet

Fabien Archambault

Coups de sifflet

Une histoire du monde en onze matchs

Flammarion

ISBN : 978-2-0802-9751-8

Avant-propos

Pourquoi le football ? Pour quelles raisons ce sport est-il aujourd'hui pratiqué sur presque toute la planète ? La réponse habituelle semble frappée au coin du bon sens : c'est un jeu aux règles pas très compliquées et faciles à appliquer – un ballon, un peu d'espace et c'est parti. Ceci étant dit, on n'est malheureusement pas plus avancé. Certains détails qui n'en sont pas devraient en effet nous mettre la puce à l'oreille : en Amérique du Nord et en Irlande, la majorité des habitants se passionnent davantage pour d'autres types de football où l'usage des mains est autorisé et dans le sous-continent indien, plus d'un milliard de personnes se sont entichées d'un autre sport d'origine britannique, le cricket, dont il serait difficile de prétendre qu'il est d'un abord aisé – tout individu normalement constitué n'y comprend rien. En réalité, la large diffusion du football dans le monde pose de redoutables problèmes. Le premier est d'essayer de saisir comment des sociétés éloignées géographiquement et qui n'avaient parfois rien de commun entre elles se sont progressivement emparées d'un même produit culturel qui leur était étranger. Les choses se compliquent si l'on a en tête que ceux qui avaient créé ce dernier – les élites de l'Angleterre victorienne – n'ont jamais éprouvé le besoin de faire connaître ce jeu qui leur était propre : son expansion s'est réalisée quasiment par inadvertance.

Les pages qui suivent proposent quelques éléments de réponse. Elles sont agencées en onze chapitres correspondant à autant de matchs, depuis celui organisé devant quelques centaines de spectateurs dans le sud de Londres en 1870 à la finale de la Coupe du monde retransmise en mondovision qui s'est tenue à Saint-Denis en 1998. Onze matchs et bien plus que les onze joueurs des deux équipes qui s'opposaient à chaque fois : on y rencontrera un ambassadeur uruguayen et un ancien ouvrier du Forez, des commerçants enrichis de Calcutta et un capitaine de la police politique soviétique, mais aussi un poète italien iconoclaste et des prêtres catholiques vivant en Écosse. À leur échelle, tous illustrent les dynamiques qui ont contribué à faire du football ce qu'il est de nos jours : une industrie culturelle puissante nourrissant les imaginaires collectifs, parfois le ciment d'identités nationales toujours en (re)construction et souvent un instrument de consensus dans des sociétés précipitées brutalement dans la modernité. Certaines de ces rencontres relèvent de la catégorie des « grands matchs », voire des « matchs du siècle », d'autres sont tombées dans l'oubli ou ne signifient rien en dehors des pays pour lesquels elles ont constitué une étape décisive dans l'enracinement de la pratique. Tous ces matchs représentent néanmoins des moments importants pour ceux qui les ont joués, les ont vus ou en ont parlé : ils révèlent les processus en jeu qui, par-delà leur intensité variable, ont permis l'invention de traditions sportives dont le besoin se faisait impérieusement ressentir. Enfin, on croisera au fil de ces onze histoires tantôt des professionnels aguerris ou simplement des footballeurs du dimanche, aussi bien des joueurs restés anonymes que des stars, dont la renommée est encore intacte ou qui sont désormais déchues. Toutes ces trajectoires footballistiques nous plongeront au cœur de l'histoire mondiale d'un long XXe siècle, dont aucune des grandes scansions ou des évolutions profondes n'est laissée à l'écart – des décolonisations à la guerre froide, des phénomènes d'industrialisation et d'urbanisation à l'émergence du salariat, de la mondialisation à la sauce britannique aux affrontements généralisés des guerres mondiales. C'est sans doute ce qui explique la popularité du football : raconter son histoire nous ramène toujours à tout ce qui nous a faits tels que nous sommes.

Chapitre 1

Un sport d'hiver

Le 5 mars 1870, aucun coup de sifflet ne retentit pour donner le coup d'envoi du premier Angleterre-Écosse de l'histoire, pour la simple raison qu'il n'y avait tout bonnement pas d'arbitre. Ce serait aux deux capitaines de se mettre d'accord entre eux pour décider que faire en cas de faute : une tâche loin d'être insurmontable pour Charles Alcock et James Kirkpatrick, tous deux dirigeants de la Football Association (FA) et par conséquent bons connaisseurs de règles qu'ils avaient eux-mêmes édictées. Le seul inconvénient tenait au respect du temps de jeu, puisque personne ne sifflerait le début ou la fin du match : on s'en remettrait donc à l'horloge du club-house de l'Oval, le terrain de cricket sur lequel la rencontre allait avoir lieu ; et pour que les choses soient plus simples, on attendit 15 h 15 pour commencer à jouer la première période de trois quarts d'heure.

Le match aurait dû avoir lieu quinze jours plus tôt, le 19 février, mais les conditions météorologiques avaient conduit à un report. Ce jour-là en effet, en raison d'une vague de froid exceptionnelle, le terrain était gelé et de fait impraticable. Entre-temps, la réunion annuelle du comité directeur de la Football Association avait vu l'élection à sa tête de Charles Alcock, la tête pensante de ce petit groupe de gentlemen attachés à la promotion de leur version du jeu de la « balle au pied ». Lors de cette séance, les douze membres du comité avaient en outre décidé de changer quelque peu les règles et avaient introduit des modifications dont certaines apparaissent rétrospectivement comme décisives dans la définition de ce que l'on désigne aujourd'hui comme « football ». L'une d'elles prévoyait par exemple que les deux équipes changeraient de camp à la mi-temps – sans qu'il soit programmé de pause à cette occasion – en plus des changements alors habituels à chaque but marqué. Une autre stipulait qu'un joueur serait considéré comme hors jeu s'il recevait la balle avec moins de trois adversaires entre lui et la ligne de but, ce qui tranchait un débat récurrent parmi les pratiquants. Mais la plus importante innovation concernait l'usage des mains, qui pour la première fois était complètement interdit, sauf pour le gardien de but effectuant une parade devant ses cages. Après coup, ce choix radical a été interprété comme une étape fondamentale dans le processus de différenciation avec le rugby, reflétant une stratégie précise et réfléchie d'affirmation d'un sport qui valoriserait l'habileté des joueurs avec leurs pieds. En réalité, il ne s'agissait que d'une expérimentation parmi d'autres, comme il était alors d'usage. On se mettait généralement d'accord au dernier moment sur les règles qui seraient suivies lors d'un match et il n'était pas rare qu'on prévoie d'en changer au cours de la rencontre. En l'occurrence, on décida de garder les mêmes dispositions lors des quatre autres oppositions entre sélections anglaise et écossaise, disputées elles aussi sur l'Oval de Kennington pendant les hivers 1871 et 1872. Puisque les deux formations n'avaient pu se départager lors de la première rencontre en suivant ces règles-là – le score final fut de 1 but partout –, il était logique que la deuxième se déroule en appliquant le même canevas – l'Angleterre l'emporta 1-0, le 19 novembre 1870 ; ce qui appelait une revanche, qui eut lieu en février 1871 et où fut reconduit ce qui constituait à l'origine presque une coquetterie – jouer sans les mains, pourquoi pas après tout. Dès lors, le pli était pris et le match annuel entre les deux nations britanniques, disputé alternativement à Londres et à Glasgow à partir de la saison 1872-1873, se distinguait des autres rencontres organisées ailleurs dans le royaume en raison de ce trait caractéristique, contribuant ainsi à l'enracinement de la spécificité du type de jeu promu par la Football Association.

Si les mains furent bannies, presque par inadvertance, ce samedi d'hiver finissant dans le sud de Londres, le jeu pratiqué n'avait pour autant que peu à voir avec ce que nous identifions de nos jours comme du football. Chacune des deux équipes était divisée en quatre défenseurs (un gardien et trois arrières) et sept attaquants : lorsqu'un attaquant partait en dribble balle au pied en direction du but adverse, il était suivi de près par ses six coéquipiers chargés de tenter de récupérer le ballon si celui-ci était perdu, sous les charges ou les coups des joueurs de l'autre équipe. Dans cette concentration furieuse, l'objectif était soit de dribbler tous les adversaires – difficile entreprise qui réussissait rarement –, soit à un moment de faire une passe en arrière à un des trois défenseurs ou à un attaquant qui s'était préalablement reculé. Là, celui-ci tirait au but ou plus généralement faisait une passe vers l'avant, la mêlée reprenant à la chute du ballon ou là où le défenseur qui avait récupéré la balle la renvoyait. En somme, on assista cet après-midi-là aux progressions et aux reculades dans un sens ou dans un autre d'un enchevêtrement confus d'une quinzaine de personnes, qui ne lésinaient pas sur les coups d'épaule ou les tacles sur le ballon, notamment Alcock, le capitaine anglais, connu pour sa rudesse. Ballon qui au demeurant nous aurait semblé étrange, davantage un gros coussin, ni parfaitement sphérique ni complètement ovale. Les Anglais, sans cesse à l'attaque, butèrent sur la défense acharnée des Écossais, en particulier de leurs deux grands arrières qui interceptèrent de la tête toutes les passes anglaises vers l'avant, Wingfield Malcolm et William H. Gladstone – les deux étaient députés aux Communes, le second en outre fils aîné du Premier ministre libéral alors au pouvoir. À l'heure de jeu, Alcock, exaspéré que son équipe ne soit pas encore parvenue à marquer, ordonna aux défenseurs et au gardien de but anglais d'abandonner leur poste et de rejoindre leurs camarades à l'avant. À un quart d'heure de la fin, le ballon gicla du regroupement sur un côté et un Écossais tira immédiatement du milieu du terrain vers le but anglais désormais vide, 1-0. Par miracle dit-on, l'Angleterre finit par égaliser à la dernière minute.

Ce qui étonna le plus les quelques journalistes sportifs présents n'avait pas trait aux règles adoptées ce jour-là, mais à l'affluence, inédite pour un match de football organisé à Londres : bravant le froid, presque un millier de personnes avaient fait le déplacement sur la rive droite de la Tamise, acceptant de patauger sur une pelouse rendue boueuse par les fortes pluies des jours précédents. Le succès de la manifestation était clairement dû aux efforts déployés par Charles Alcock, le nouveau président de la Football Association, par ailleurs très actif dans l'industrie du spectacle sportif. Jusque-là, Alcock opérait en effet principalement au sein du monde du cricket, le premier sport codifié et structuré depuis un siècle environ dans l'Angleterre de la révolution industrielle. À la tête du club de cricket du comté du Surrey, il était aux premières loges pour apprécier les potentialités commerciales d'une pratique sportive susceptible de drainer les foules. Depuis 1849, une rencontre annuelle opposait tous les étés l'Angleterre à l'Écosse tandis que des tournois par élimination mettaient aux prises les meilleurs clubs à une échelle régionale, ce qui permettait d'attirer un public prêt à payer toujours plus cher pour assister aux matchs, et donc de dégager des revenus de billetterie toujours plus importants ; et par conséquent de rétribuer ensuite les joueurs professionnels de chaque formation, voire de s'attacher les meilleurs d'entre eux. S'était ainsi progressivement mise en place une véritable économie du spectacle du cricket dont la promotion était assurée par une presse spécialisée, notamment *The Sportsman* dont Alcock était l'un des rédacteurs. Dès lors, le projet de ce dernier était simple : appliquer au football le modèle du cricket afin de rentabiliser les infrastructures qui lui étaient dédiées et restaient inutilisées pendant les saisons froides, en automne et en hiver. Dans cette optique, le match de football Angleterre-Écosse de 1870 constitue sa première tentative d'envergure afin d'inventer une nouvelle tradition sportive selon une recette éprouvée, celle d'une compétition internationale ; fort logiquement, la rencontre est organisée à l'Oval de Kennington, siège du Surrey County Cricket Club, dirigé, on l'a vu, par Alcock.

Qu'il ait jeté son dévolu sur le football ne doit pas surprendre, tant ce sport était alors populaire parmi les élites britanniques. Depuis les années 1830, c'est au sein des *public schools*, les écoles privées accueillant les enfants mâles des classes supérieures – grande bourgeoisie et aristocratie tirant leurs revenus de la terre, du commerce et de l'industrie – que le football s'est développé. Considéré comme un bon complément hivernal de la pratique estivale du cricket, il s'est peu à peu vu investi de valeurs tant politiques que religieuses : violent et rugueux, il permet de forger les corps et les caractères de ceux qui sont destinés à dominer la société britannique et le plus vaste monde, dans le cadre de l'aventure impériale, à la fois physiquement et spirituellement. Un bel exemple du rôle fondamental revêtu par le football dans cette quête d'une chrétienté musculaire (*Muscular Christianity*) est fourni par le roman d'apprentissage *Tom Brown's School Days*. L'auteur, Thomas Hughes, y met en scène trois élèves de l'école privée de Rugby, futurs fonctionnaires de l'Empire britannique, et offre des descriptions enflammées de leur passion pour le ballon. Publié en 1857, cet immense succès de librairie – dans les années 1860, c'était le livre de chevet de la reine Victoria – contribua à la diffusion progressive de la mode du football dans les classes moyennes supérieures : après les *public schools*, c'était au tour des *grammar schools* de proposer ce sport dans leur cursus éducatif. Charles Alcock, ancien élève de Harrow, une des plus prestigieuses écoles privées londoniennes, est ainsi parfaitement représentatif de la génération qui a élaboré cette nouvelle culture sportive et cherche à l'entretenir une fois entrée à l'université ou dans la vie active.

Et c'est là que le bât blesse : depuis les années 1840, chaque *public school* avait en effet progressivement mis au point sa propre interprétation de la meilleure manière de jouer au football, formalisée dans des règlements internes qui participaient à l'affirmation de l'identité et de la fierté de l'établissement. Les nombreuses différences concernaient notamment la façon de marquer des points – en aplatissant le ballon au-delà de la ligne de but, comme au rugby aujourd'hui (Eton), en le faisant passer entre les poteaux, généralement disposés en H, à n'importe quelle hauteur (Westminster), au-dessus de la barre (Rugby) ou sous la barre (Harrow) – ou la définition du hors-jeu – d'ordinaire stricte, un joueur ne pouvant recevoir la balle d'un coéquipier s'il était devant lui au moment de la passe, mais parfois moins (règle des quatre, puis trois défenseurs en vigueur à Charterhouse). Les combinaisons entre toutes ces règles étaient si variées qu'elles entraînaient des palabres infinis entre les anciens de telle ou telle école lorsqu'ils devaient jouer ensemble par exemple à l'université ou dans les clubs qui se multipliaient au tournant des années 1860. Ainsi s'expliquent les premières tentatives d'uniformisation des règles en 1863, à Cambridge ou bien autour de la toute nouvelle Football Association créée cette année-là. Les discussions se soldèrent alors par un échec, dû non à la question de l'usage des mains – toujours autorisé, que l'on coure balle en main (Rugby), que l'on fasse des arrêts de volée, comme aujourd'hui en rugby à XV (Winchester, Westminster), possibilité retenue par Cambridge et la FA en 1863, ou que l'on intercepte une passe en l'air (Eton, Charterhouse) – mais au degré de violence accepté – interdire ou non le *hacking* (coup de pied sur le tibia), le *tripping* (croche-pied), le *pushing* (poussette) et le *holding* (plaquage). Après quelques hésitations, la Football Association choisit d'interdire toute forme de contact susceptible de causer des blessures plus ou moins graves, probablement parce qu'elle était composée de jeunes adultes exerçant désormais une profession et ne pouvant par conséquent courir le risque d'être mis sur le flanc trop fréquemment.

Lorsqu'il entra au comité directeur de la FA en 1867, Alcock avait poursuivi une double stratégie, consistant d'une part à gagner les faveurs des *public schools* les plus renommées et de l'autre à installer le football en pendant hivernal du cricket dans le paysage sportif du pays, comme il le raconta quelques années plus tard, en 1874, une fois l'entreprise en passe d'être réussie, dans sa brochure *Football : Our Winter Game* (*Football : notre jeu d'hiver*). Le premier objectif fut atteint par des concessions ciblées à propos de certaines règles, ce dont témoigne la composition des deux équipes du match de mars 1870, qui comprenaient des élèves de Harrow et de Westminster ou des joueurs passés par ces écoles ou par Eton, Charterhouse, Merchant's Taylors et Winchester. Tous ces établissements, situés à Londres ou dans ses environs immédiats, s'étaient affiliés à la FA, seul celui de Rugby, isolé dans les Midlands, restant à l'écart du processus d'uniformisation des règles. Le second objectif se traduisit par exemple par la fixation définitive du nombre de joueurs par équipe. Celui-ci pouvait en effet varier en fonction des forces disponibles, montant parfois jusqu'à 20, mais tournant le plus souvent autour de 12, 13 ou 14. Aligner 11 joueurs obéissait à une logique précise : c'était l'effectif d'une équipe de cricket, ce qui devait permettre l'intégration du football aux clubs de cricket déjà existant, bien plus nombreux, les mêmes individus pouvant alors passer d'un sport à l'autre au cours de l'année.

Outre l'organisation de matchs internationaux, Alcock mit également sur pied en 1871 une autre compétition, la Cup, un tournoi par élimination directe, toujours sur le modèle de ce qui fonctionnait dans le monde du cricket. Y prenaient part des équipes de tout le pays, ce que le développement du chemin de fer et la hausse du niveau de vie rendaient possible. Le succès s'amplifia au cours de la décennie 1870, contraignant les derniers clubs réticents à rejoindre la FA, sous peine d'être laissés à l'écart et contribuant par là même à renforcer l'hégémonie de cette dernière. De manière pragmatique, Alcock s'autorisait parfois à transiger lorsqu'il fallait absorber de gros morceaux comme les clubs de Nottingham ou de Sheffield. Dans ce dernier cas, en 1877, la FA refusa par exemple de revenir sur la règle du hors-jeu – qui n'existait pas dans cette ville, ce qui avait entraîné le développement d'un style de jeu particulier, le « *kick and run* » – tout en concédant une légère adaptation : les remises en jeu depuis la touche, effectuées jusqu'alors à la main de manière perpendiculaire à la ligne de touche, pourraient désormais être faites dans n'importe quelle direction, le joueur visé n'étant pas hors jeu quelle que soit sa position – la disposition existe encore de nos jours.

En une quinzaine d'années, les visées d'Alcock furent ainsi plus que satisfaites, la fièvre du football gagnant même les classes populaires à une vitesse vertigineuse, au point de reléguer le cricket au second plan. Relayée par les Églises protestantes et les entreprises, à l'origine de la fondation de nombreux clubs, cette passion donna naissance à un nouveau rituel urbain, caractéristique d'une société industrielle où la culture de masse était en plein essor. Ainsi le Factory Act de 1874, qui imposait la réduction du temps de travail par la généralisation de la fermeture des usines le samedi à 13 heures, libéra-t-il du temps pour les loisirs et favorisa-t-il indirectement la fréquentation des stades. De même le développement d'une presse sportive bon marché pouvait-il s'appuyer sur les progrès de l'alphabétisation, stimulés par le Forster Act de 1870 sur l'obligation scolaire. Bien loin d'être dépassés, les dirigeants de la Football Association surent s'adapter à cette démocratisation accélérée, par exemple en encadrant, dès 1885, le passage au professionnalisme sans que cela ne les perturbe trop. En 1870, ils avaient formulé une proposition sportive originale, fruit de tâtonnements incessants et à l'avenir incertain, mais qui se révéla assez plastique pour pouvoir accompagner les bouleversements sociaux à l'œuvre au point de devenir le nouveau ciment culturel des nations britanniques. Au bout du compte, ce qui se joua le samedi 5 mars 1870 à l'Oval de Kennington en milieu d'après-midi n'était pas si anodin. Le langage populaire en garde une trace, révélatrice du double processus d'appropriation populaire et d'invention d'une tradition sportive enclenché *a posteriori :* à 16 h 30, après que l'Écosse eut ouvert la marque, on entailla d'un trait, au couteau, un des poteaux en bois du but – « entailler », en anglais, se traduit par « *to score* ».

Chapitre 2

Sécher les larmes de Plassey

Jegechhe aaj desher chhele pathe loker bhir
(Les fils de cette terre se sont réveillés : les rues sont noires de monde)
Antapure futlo hasi Banga rupasir
(Les femmes bengalaises ne sont plus que sourires éclatants)
Goal diyechhe gorar gole Bangalir aaj jit
(Nous avons marqué contre les blancs ; c'est un triomphe pour les Bengalais)
Akash chheye uthchhe udhao unmodonar geet
(L'air est rempli de chants de joie)
Aajikar ei bijoy bani bhulbe na ko desh
(La patrie n'oubliera jamais la victoire d'aujourd'hui)
Sabash sabash Mohun Bagan khelechho bhai besh
(Allez, allez Mohun Bagan ! Tu as si bien joué)

Pendant des mois, on n'entendit que cette chanson dans les rues de Calcutta. Composée par un poète local, elle saluait la victoire inattendue d'un des clubs de la ville, le Mohun Bagan, en finale du plus prestigieux tournoi de l'Empire des Indes, l'Indian Football Association (IFA) Shield. Celui-ci se déroulait au mois de juillet sur le Maidan, l'immense pelouse située au centre de la métropole au pied de Fort William, le siège de la vice-royauté des Indes. Depuis la création de la compétition en 1893, une seule équipe indienne était invitée chaque année à participer à ce qui constituait le décalque de la Cup anglaise (une série de quatre matchs à élimination directe menant à la finale) à laquelle prenaient part des formations britanniques civiles et militaires venues de toute la colonie, parfois même de la lointaine Bangalore. En 1911, un des favoris, le 2e bataillon de l'East Yorkshire Regiment, qui stationnait habituellement à Fayzabad, une garnison de la haute plaine du Gange, avait pris ses quartiers dans la capitale depuis le mois de mai pour peaufiner sa préparation athlétique ; de l'avis de tous, son succès était assuré. Dès lors, sa défaite 2-1 en finale fut un coup de tonnerre dont l'écho résonna non seulement à travers le sous-continent indien mais dans le monde britannique tout entier, jusqu'à Londres. Pour la première fois, les colonisateurs avaient été défaits dans une grande compétition sportive par les représentants de ce qu'ils considéraient comme une « race » inférieure.

Que les Indiens jouent au football n'avait toutefois rien d'évident et pose la question de la transmission de la culture britannique dans un contexte impérial, de l'acceptation de celle-ci puis de son adaptation par les indigènes. Dans leur grande majorité en effet, les Britanniques présents en Inde vivaient en vase clos et cherchaient avant tout à recréer outre-mer le mode de vie de la mère patrie. Ainsi à Calcutta, le Bengal Club proposa à ses membres dès sa fondation en 1827 de jouer au cricket, puis, à partir des années 1870, au football, quelle que soit la définition qu'on en donnât alors. La popularité croissante de ce sport en Grande-Bretagne se traduisit par la multiplication de clubs qui lui étaient dédiés dans les divers secteurs de la communauté britannique de Calcutta, forte d'environ 50 000 personnes à la fin du XIXe siècle, que ce soit chez les fonctionnaires de l'Indian Civil Service et des administrations coloniales, parmi les commerçants, les professions libérales, les missionnaires protestants ou catholiques, les techniciens et ouvriers spécialisés ou bien dans les différents corps d'armée. Logiquement, des compétitions bengalaises se mirent peu à peu en place (la Durand Cup en 1886, suivie trois ans plus tard par la Trades Cup), avant de s'élargir à l'ensemble du pays avec l'IFA Shield (le « bouclier ») en 1893. Tous ces tournois avaient pour fonction de maintenir et de renforcer la cohésion des élites coloniales par des pratiques culturelles partagées où se manifestait l'entre-soi de cercles de sociabilité exclusifs. Aucune trace de prosélytisme sportif à destination des Indiens : les rares équipes composées d'autochtones admises à participer étaient simplement tolérées, tant cela semblait compter pour elles.

Pourquoi certains indigènes bengalais s'étaient-ils donc entichés du football ? Une première raison tient à la mise en œuvre d'un mécanisme fondamental de la domination coloniale, celui de l'*indirect rule*, c'est-à-dire la nécessité pour la puissance britannique de s'appuyer sur les élites locales et de trouver des relais parmi elles afin d'assurer son pouvoir. Dans la première moitié du XIXe siècle, ces considérations avaient entraîné la création d'écoles privées, souvent tenues par des missionnaires, destinées à une infime minorité d'Indiens triés sur le volet, qui pourraient devenir des cadres et des employés de l'administration. Puisque ces établissements fonctionnaient sur le modèle des *public schools* métropolitaines, leurs élèves se retrouvèrent à apprendre à la fois la langue des maîtres mais aussi les règles du cricket. Après la grande révolte de 1857, qui fit vaciller l'autorité britannique, les Anglais préférèrent s'appuyer sur les élites traditionnelles, quitte à les créer de toutes pièces – ils inventèrent une tradition féodale, celle des maharadjahs, qui n'avait jamais réellement existé en Inde –, et délaissèrent les nouvelles couches sociales occidentalisées qu'ils avaient contribué à former, mais qu'ils suspectaient de porter des revendications d'émancipation politique. Un bel exemple de ces récentes *collaborating elites* est fourni par le prince Sri Ranjitsinhji, plus communément appelé Ranji, qui fut placé en 1907 sur le trône du Nawanagar, un minuscule État de l'ouest de l'Inde, en raison de ses qualités de joueur de cricket, sport qu'il avait découvert lors de sa scolarité au collège de Rajkumar au début de la décennie 1880. Ce schéma se retrouve à Calcutta, où, à la fin du XIXe siècle, les familles aristocratiques Sovabazar, Bhukailas et Lahas, et les maharadjahs de Coochbehar, Mahisadal et Burdwan fondèrent en leur nom propre ou patronnèrent des dizaines de clubs, disséminés un peu partout dans cette ville de plus d'un million d'habitants. À partir de 1885, le prince de Sovabazar installa ainsi sur le Maidan la tente du club qu'il venait de créer, ce qui lui permettait d'entretenir des relations de bon voisinage avec les Britanniques à l'occasion de matchs de cricket entre gens de bonne compagnie. Néanmoins, la capitale du Bengale présentait un caractère spécifique à l'échelle de l'Inde, qui tenait au développement exceptionnel du football au sein de ces nouveaux clubs indigènes.

Cette particularité trouve son origine dans les modalités de la réorganisation du système colonial après la révolte de 1857. Puisque cette dernière avait commencé par la mutinerie des soldats bengalais de l'armée des Indes, ceux-ci s'en retrouvèrent exclus. Les Anglais faisaient désormais appel aux Gurkha népalais et aux sikhs du Pendjab, considérés comme des « races guerrières », loyales et obéissantes. Dans cette nouvelle hiérarchie raciale, les Bengalais étaient stigmatisés comme un peuple peu fiable, inapte à la guerre, faible et peureux, voire efféminé. Par exemple en 1899, un journaliste britannique écrivait que c'était à leurs jambes qu'on pouvait les reconnaître : « Soit elles ne sont que peau et os, de la même taille sur toute la longueur, avec des bosses en guise de genoux ; soit elles sont très grosses et globuleuses, avec des cuisses rondes comme celles d'une femme. » Et de conclure que c'était des « jambes d'esclaves ». Au tournant du XXe siècle, les Bengalais s'étaient par conséquent engagés dans un processus qu'ils qualifiaient eux-mêmes de régénération qui consistait à réaffirmer leur virilité : face à ceux qui la contestaient, il s'agissait de prouver leur vigueur physique, miroir de leurs qualités morales et de leur aptitude à se gouverner eux-mêmes, à être reconnus comme des citoyens et non plus des sujets. Or les habitants de Calcutta étaient confrontés à un nouveau modèle de masculinité, celui des soldats britanniques dont la proportion dans l'armée des Indes avait été fortement augmentée et dont le plus gros contingent était établi dans la capitale rebelle, dans les casernes de Fort William. Souvent issus du prolétariat, ceux-ci étaient encouragés à s'exercer régulièrement sur le Maidan à ce qui était devenu le sport favori des classes populaires en Grande-Bretagne, le football, présenté par l'état-major comme la meilleure manière de cultiver la force, l'obéissance et la discipline, bref toutes les qualités d'un bon soldat.

C'est donc sur un terrain de football que les Bengalais devaient se mesurer à la puissance coloniale. Très vite, le club de Mohun Bagan devint le porte-étendard de ces prétentions à la fois sportives et politiques. Fondé en 1889 dans le nord de Calcutta par un des nombreux industriels de la ville qui avait fait fortune dans la production et le commerce de la toile de jute, il imposait une discipline de fer à ses membres, des étudiants issus des classes moyennes dont les résultats scolaires étaient surveillés avec attention et dont le comportement devait être irréprochable – interdiction absolue était faite de boire de l'alcool ou de fumer du tabac. Les joueurs retenus dans l'équipe première étaient en réalité presque des professionnels et ils dominèrent rapidement la scène footballistique de Calcutta, s'affirmant comme la meilleure formation indienne. Toutefois, il était hors de question pour eux d'apparaître comme subissant servilement un modèle culturel imposé. Le football qu'ils pratiquaient se voulait différent de celui des Anglais et reposait sur des qualités d'endurance et surtout de technique individuelle balle au pied, littéralement : ils jouaient pieds nus. Cela ne posait pas de problème pendant la saison sèche, mais les handicapait une fois la mousson arrivée. La presse britannique se moquait alors de ce pétard qui n'explosait jamais et de ces « poudres mouillées » du Mohun Bagan. Mais eux refusaient obstinément de se chausser : eux seuls jouaient vraiment à la « balle-au-pied » (*foot-ball*), les prétendus inventeurs du jeu ne pratiquant en fait que la « balle-à-la-chaussure » (*boot-ball*).

Au mois de juillet 1911, la mousson était en retard et le Mohun Bagan put exprimer toutes ses qualités. Après avoir facilement éliminé au premier tour les étudiants du collège jésuite de Saint-François-Xavier, il fut opposé successivement à quatre formations militaires, de la marine (les Calcutta Rangers, nouveau nom des Navals Volunteers') puis de l'infanterie. À chaque fois, il s'imposa dans les ultimes instants de la partie : à deux minutes de la fin contre le Rifle Brigade au troisième tour (1-0), en marquant trois buts dans les douze dernières minutes en demi-finale contre le Middlesex Regiment (3-0), puis en remontant puis dépassant l'East Yorkshire Regiment en finale dans les cinq dernières minutes (2-1). Cette série de victoires à l'arraché indique l'importance des conditions météorologiques auxquelles l'équipe bengalaise savait mieux s'adapter que ses adversaires. En raison de l'humidité, les coups d'envoi étaient donnés en fin d'après-midi, à 17 h 30, pour deux périodes d'une demi-heure seulement, avec une pause de trente minutes entre elles, pour que les organismes ne souffrent pas trop. Imprimant un rythme infernal, le Mohun Bagan récoltait les fruits de sa meilleure capacité à courir dans une atmosphère étouffante lorsque les formations britanniques peinaient à finir les rencontres. Tous les matchs eurent lieu sur des terrains secs, à l'exception du deuxième tour contre les Rangers ; mais l'averse diluvienne qui s'abattit sur le Maidan au cours de la partie fut d'une telle intensité qu'elle causa autant de difficultés aux Indiens qu'aux Britanniques : les chaussures n'étaient alors pas pourvues de crampons et les marins ne cessèrent de glisser sur des flaques d'eau.

Au fur et à mesure que le Mohun Bagan progressait dans la compétition, l'effervescence grandissait dans la ville. Pour la demi-finale, le 24 juillet, des milliers d'Indiens commencèrent à affluer sur le Maidan dès le début de l'après-midi pour se masser le long des limites du terrain. L'affluence, estimée à environ 60 000 personnes, était telle que les retardataires montaient sur les branches des arbres pour espérer voir leurs héros – plusieurs d'entre elles ne supportèrent pas le poids et se brisèrent, ce qui causa des dizaines de blessés. Mais la plupart poussaient les files serrées devant eux : les premiers rangs, ne pouvant résister à la pression, se retrouvaient propulsés sur l'aire de jeu, ce qui nécessita l'intervention de la police montée pour faire reculer tout le monde. Officiellement pour des raisons de sécurité, l'Indian Football Association décida que la finale se déroulerait dans une enceinte fermée, l'Eden Gardens Cricket Ground, située à l'extrémité nord du Maidan. En réalité, l'objectif était de priver le Mohun Bagan de l'appui du public indien : les places coûteraient entre une ou deux roupies – ce qui les rendrait inaccessibles aux classes populaires –, les soldats de la garnison de Fort William pourraient pour leur part entrer gratuitement et les membres de l'IFA, en très grande majorité britanniques, avaient la possibilité de réserver plusieurs sièges chacun. Le 29 juillet, l'Eden Gardens se retrouva ainsi plein comme un œuf, 50 000 spectateurs garnissant les gradins, soit la quasi-totalité des colons résidant à Calcutta. Quelques centaines d'Indiens avaient néanmoins réussi à racheter des billets au marché noir, à plus de 15 roupies l'unité. Certains vinrent au stade avec des pigeons voyageurs, envoyés tout au long de la rencontre à des comparses répartis sur tout le Maidan et chargés de réceptionner puis de lire les messages racontant le déroulement du match à la foule amassée là. Celle-ci était énorme : plus de 100 000 Bengalais retenaient leur souffle ; des télégrammes étaient immédiatement envoyés dans l'ensemble de la province, mais aussi dans toutes les grandes villes de l'Empire. C'est en fait une bonne partie du pays qui s'était arrêtée pour suivre presque en direct le triomphe du Mohun Bagan.

Plusieurs heures après le coup de sifflet final, un imposant cortège nocturne accompagna les vainqueurs jusqu'au siège de leur club, après un détour par le temple de Kali. Sous une pluie ininterrompue de fleurs jetées des immeubles, à la lumière d'une multitude de feux d'artifice improvisés, le défilé ne put avancer que très lentement tant la foule, ivre de joie, grossissait sans cesse. Pendant plusieurs mois, cette victoire footballistique continua de susciter des commentaires qui dépassaient la sphère strictement sportive. L'éditorialiste du quotidien nationaliste *Nayak* invitait ainsi tous les Indiens à être fiers que « des mangeurs de riz, atteints de malaria, des va-nu-pieds de Bengalais aient pris le dessus sur des mangeurs de viande et des Hercule bien chaussés dans ce sport typiquement anglais ». Il poursuivait en se réjouissant que le peuple indien soit désormais « capable de tout apprendre à la perfection puis de battre même ses professeurs ». « Apprenez-lui l'art de la guerre, concluait-il, et il se montrera aussi intelligent que les Japonais », dans une allusion à la victoire du Japon contre la Russie lors de la guerre de 1905. En réalité, seule une minorité du mouvement nationaliste indien était alors indépendantiste, la majorité se contentant pour le moment de réclamer le *self-government*, c'est-à-dire l'autonomie, à l'instar de ce qui avait été accordé au Canada, à la Nouvelle-Zélande, à l'Australie et, l'année précédente, à l'Union sud-africaine. Aux yeux de la plupart des commentateurs, les exploits du Mohun Bagan prouvaient surtout que les Indiens méritaient d'être traités d'égal à égal par les Britanniques et que l'Inde était mûre pour devenir un dominion, un État souverain et librement associé au Royaume-Uni. Enfin, beaucoup saluèrent l'entrée de la société indienne dans la modernité sportive, capable d'accélérer le processus d'unification de la nation tout entière le temps d'un match : par la grâce du football, toutes les divisions, qu'elles soient religieuses, sociales ou politiques, semblaient avoir été abolies. Un des journaux de la communauté musulmane de Calcutta, *The Mussalman*, se félicitait ainsi que l'allégresse ait été « universellement partagée », notant que les membres du Mohammedan Sporting Club avaient spontanément rejoint le cortège de la victoire après « s'être roulés par terre comme les autres » sur le Maidan, « exultant pour le succès de leurs frères hindous ». En somme, les émotions sportives faisaient davantage pour la cause de l'unité indienne que le mouvement du Congrès, fondé en 1895, qui se révélait impuissant à empêcher les ferments de la division de s'approfondir au Bengale – en 1905, le vice-roi des Indes avait en effet imposé la partition du Bengale entre la province de Calcutta, à majorité hindoue, et le Bengale oriental, à majorité musulmane, qui deviendrait le Pakistan oriental à l'indépendance en 1947, puis le Bangladesh en 1971.

Quoi qu'il en soit, la victoire du Mohan Bagan de 1911 fut appelée à demeurer dans la mémoire collective indienne comme une étape décisive dans l'émancipation culturelle du pays, prélude à son indépendance politique. Est ainsi encore aujourd'hui répétée à l'envi et présentée comme prémonitoire la déclaration d'un des dirigeants de l'IFA lors de la cérémonie d'ouverture de la Durand Cup en 1892, telle : « Chaque victoire indienne dans un match de ce tournoi permettra d'effacer un peu le souvenir de la bataille de Plassey » – la défaite de Plassey face aux armées anglaises en 1757 étant généralement considérée comme le début de la période de sujétion coloniale du sous-continent indien. Dans la même veine, lors des célébrations du 29 juillet sur le Maidan, un vieux moine hindou aurait demandé au capitaine du Mohun Bagan, en pointant du doigt l'Union Jack flottant sur le Fort William : « Nous sommes ravis que vous ayez battu une équipe militaire, mais quand enlèverez-vous ça ? – La prochaine fois que nous gagnerons le tournoi », aurait répondu ce dernier. L'équipe dut par conséquent attendre la fin du mois de juillet 1947 pour remporter de nouveau l'IFA Shield, soit deux semaines tout juste avant la proclamation de l'indépendance.

Chapitre 3

Une affaire d'État

Un séisme. Mercredi 30 juillet 1930, Montevideo, stade du Centenaire, il est presque 17 h 30 : Héctor Castro, l'attaquant de la *Celeste*, l'équipe nationale uruguayenne tout de bleu vêtue, vient, d'une tête décroisée, de sceller la victoire. Depuis une vingtaine de minutes, l'Argentine poussait pour égaliser à trois buts partout, mais elle doit rendre les armes à la dernière seconde de la finale de la première Coupe du monde de football. Les quelque 10 000 Argentins présents en tribune – ils auraient dû être 30 000, mais le brouillard caractéristique de l'hiver austral dans le Rio de la Plata a bloqué la plupart des ferries en provenance de Buenos Aires – restent silencieux ; les 60 000 autres spectateurs sautent à l'unisson et font trembler l'armature en béton du gigantesque stade construit pour l'occasion. Dans la loge d'honneur, le Français Jules Rimet, président depuis 1921 de la FIFA (la Fédération internationale de football association), est abasourdi. Il écrira plus tard « avoir rarement vu une tempête d'enthousiasme, d'émotion libérée comparable à celle qui s'éleva alors des gradins ». Et ce n'était que le début : des centaines de milliers d'Uruguayens se déversèrent dans les rues pour célébrer toute la nuit, dans une atmosphère indescriptible, entre les sirènes des navires amarrés dans le port et les crépitements des feux d'artifice, le triomphe des meilleurs représentants de la nation. L'arbitre de la rencontre, le Belge John Langenus, dira pour sa part n'avoir jamais assisté à un tel spectacle : « Le sport avait accompli un miracle : aucun habitant de cette ville ou de ce pays n'était indifférent à la victoire remportée sur un terrain de football. »

L'Uruguay avait en effet vu les choses en grand. À l'heure de commémorer le centenaire de son indépendance, cette petite république d'Amérique du Sud avait suivi l'exemple de ses deux grands voisins, l'Argentine et le Brésil, qui avaient souhaité associer leurs propres festivités centennales à l'organisation d'une compétition sportive d'envergure. En 1916 puis en 1922, il s'agissait de la Copa América, un tournoi de football entre équipes nationales, en l'occurrence celles adhérant à une institution créée pour l'occasion, la Confederación sudamericana de fútbol (la CONMEBOL). Mais les dirigeants uruguayens avaient voulu aller plus loin : cette fois, rien moins que la première Coupe du monde de football coïnciderait avec leurs célébrations patriotiques. Un tel projet indique l'importance prise par ce sport dans la construction des identités nationales, non seulement en Uruguay mais plus généralement en Amérique du Sud.

La diffusion du football sur le continent sud-américain s'explique par l'incorporation de celui-ci à « l'empire informel » britannique, formule qui signifie que cet espace avait tout d'une colonie de la Grande-Bretagne sans que cette dernière éprouve la nécessité de le conquérir militairement. Depuis le XIXe siècle, les banques de la City fournissaient en effet les capitaux ayant permis d'enclencher le processus d'industrialisation : les matières premières étaient extraites puis exportées vers le Royaume-Uni avant de revenir sous la forme de produits transformés soumis à des droits de douane extrêmement bas, maintenus à ce faible niveau sous la pression de Londres qui rappelaient sans cesse aux pays de la zone qu'ils devaient rembourser leur dette. Le Foreign Office n'hésitait toutefois pas à adopter une politique plus interventionniste, par exemple lorsque le président chilien Balmaceda eut l'outrecuidance de nationaliser les mines de salpêtre – il fut renversé par un coup d'État en 1891 – ou quand il fallut imposer à l'Argentine et au Brésil de laisser tranquilles les provinces orientales de l'estuaire de la Plata, ce qui déboucha sur la proclamation de la République orientale de l'Uruguay en juillet 1830. À partir des années 1880, les premiers clubs de football furent ainsi fondés par des ressortissants britanniques, promoteurs et agents de la seconde révolution industrielle, dont le nombre augmentait fortement non seulement sur les façades littorales mais aussi le long des lignes de chemins de fer, dans les arrière-pays du continent, au fur et à mesure de l'intégration de ce dernier dans le système-monde britannique.

Selon le mécanisme que nous avons vu à l'œuvre en Inde, l'apparition d'une culture sportive fut relayée par une « *collaborating elite* » locale. Les « 400 familles » d'*estancieros* de la pampa argentine et uruguayenne ou les oligarchies commerçantes de Montevideo, Rio et São Paulo envoyaient souvent leurs rejetons étudier dans les *public schools* en Grande-Bretagne, puis ce fut sur place lorsque celles-ci se multiplièrent à la fin du siècle. La fréquentation du système éducatif britannique entraîna leur conversion à l'idéologie sportive et l'adoption des pratiques distinctives en vigueur dans ces établissements d'enseignement. Aussi, bien des formations de *fútbol* ou de *futebol* furent-elles ensuite créées par des citoyens argentins, uruguayens ou brésiliens issus d'une élite à la fois anglophile, libérale et nationaliste, soucieuse de bâtir des nations puissantes en s'appuyant sur une « race » créole ainsi régénérée. À Montevideo en 1899, des universitaires fondèrent par exemple le Club Nacional de Fútbol, aux couleurs du drapeau tricolore de José Gervasio Artigas, héros des guerres d'indépendance, et dont le stade fut édifié dans le Parque Central, là où le *libertador* avait pris le titre de *Jefe de los Orientales* en 1811. La traduction précoce, au tournant du XXe siècle, du terme anglais de football en espagnol et en portugais témoignait à elle seule du succès de cette greffe sportive : elle contribuait à nationaliser et donc à légitimer le produit culturel importé, étape décisive dans tout processus d'acculturation.

La capacité du *fútbol* à fournir un langage commun à tous ces pays neufs se renforça dans l'après-guerre, à la faveur des confrontations avec les équipes du Vieux Continent dans le cadre des Jeux olympiques. À Paris en 1924 puis à Amsterdam en 1928, le tournoi de football tenait en effet lieu de championnat du monde et était disputé sous l'égide de la FIFA, à qui le Comité international olympique (CIO) en avait délégué l'organisation. Dans les deux cas, l'Uruguay s'adjugea la médaille d'or, la seconde fois en s'imposant même en finale contre l'Argentine : le cœur du football ne battait plus quelque part entre Londres et Liverpool mais sur les rives du Rio de la Plata. La presse française salua ainsi l'avènement des nouveaux maîtres du jeu, qui avaient profondément transformé celui-ci et l'avait redéfini à l'aune de leurs qualités propres. Jacques Goddet, le journaliste de *L'Auto* (l'ancêtre de *L'Équipe*), parlait par exemple d'un football « de rêve, poétique, chorégraphique », tandis que Gabriel Hanot, dans *Le Miroir des Sports*, estimait que la *Celeste* avait « poussé à la perfection l'art de la feinte, de l'esquive, du changement de pied, des pivotements du corps, des renversements des sens de course ». Un joueur en particulier suscitait des commentaires élogieux, José Leandro Andrade, la « *Maravilla negra* » (la « Merveille noire »), qui éclaboussa de son talent les deux tournois olympiques – on admirait notamment son « coup du foulard », une astuce technique jamais vue jusqu'alors en Europe consistant à faire passer la balle au-dessus de son adversaire direct, puis à la récupérer derrière lui dans la foulée. Toutes ces observations s'inscrivaient dans un contexte culturel précis, celui de l'émergence sur la scène artistique parisienne des ballets nègres et du tango de Carlos Gardel dont les joueurs uruguayens représentaient en quelque sorte la version footballistique. Elles contribuèrent à nourrir puissamment l'imaginaire sportif sud-américain, qui les reformula et les consacra comme les traits caractéristiques d'une altérité collective fondamentale. Trois figures tutélaires étaient mises en avant : le *gaucho*, dont les qualités de courage pendant les guerres d'indépendance se traduisaient sur les terrains de football par l'engagement, la ténacité et l'endurance ; le *pibe*, l'équivalent du titi parisien, qui avait développé son sens de la roublardise et de la vitesse d'exécution sur les terrains vagues des périphéries de grandes villes en pleine croissance – quelques décennies plus tard, Diego Maradona en constituerait l'expression achevée ; et enfin le danseur de tango, dont l'élégance se mariait avec des jeux de jambes déconcertants.

La déclinaison spécifiquement uruguayenne de ce modèle culturel commun s'articulait autour des deux dernières figures, privilégiées car davantage urbaines que rurales, le *gaucho* étant associé aux forces conservatrices exprimant les intérêts des grands propriétaires fonciers. En Uruguay, la vie politique était en effet dominée depuis le début du XXe siècle par ce qu'on y appelait le batllisme, du nom du président

José Batlle y Ordóñez, un courant réformiste radical visant à mettre en place une démocratie moderne et un véritable État social – en Europe, il aurait été rattaché au mouvement social-démocrate. Au sein de ce projet politique, le sport en général et le football en particulier étaient vus comme l'étalon à l'aune duquel mesurer la mise en œuvre d'un programme progressiste consistant à améliorer la vie quotidienne des classes populaires. Dans cette optique, les triomphes olympiques de 1924 et de 1928 étaient du pain bénit et fournirent la matière à la narration patriotique élaborée en vue des festivités du centenaire de l'indépendance : les onze joueurs de l'équipe nationale devenaient la plus parfaite incarnation d'une jeune République engagée sur la voie de la modernité sociale. Dans cette veine émergea une anecdote révélatrice, ressassée à l'envi dans la seconde moitié des années 1920. Lors de son séjour parisien en 1924, la *Celeste* avait élu domicile dans une pension d'Argenteuil dirigée par une vieille dame, Mme Pain. En raison de sa gentillesse et des marques d'attention qu'elle prodiguait, elle fut vite considérée comme la « maman » de substitution des joueurs et la « mascotte » de l'équipe, ce qui porta évidemment chance à cette dernière. Au point qu'en 1928, après la victoire à Amsterdam, une réception fut organisée sur le chemin du retour à l'ambassade uruguayenne de Paris au cours de laquelle tous rendirent hommage à Mme Pain, invitée d'honneur de la soirée. La parabole était claire : dans ses dernières années, une

Marianne toute ridée veillait, attendrie, sur les destinées d'une jeune nation vigoureuse et victorieuse, désormais mûre pour son émancipation ; l'Uruguay pouvait sereinement dire « adieu à l'Europe », selon l'expression de l'historien Olivier Compagnon, et se tourner avec confiance vers un avenir (forcément) radieux.

En 1928, le futur proche, en matière de football, ce serait une hypothétique Coupe du monde. Lors de son congrès tenu en marge des Jeux olympiques à Amsterdam, la FIFA avait en effet décidé d'organiser sa propre compétition deux ans plus tard, en 1930. L'enjeu était d'abord financier, puisqu'il fallait jusqu'alors partager avec le CIO les recettes du tournoi olympique de football, la discipline qui attirait le plus de spectateurs aux Jeux. Les perspectives étaient alléchantes sur ce plan-là, d'autant que la future Coupe du monde serait également ouverte aux joueurs non amateurs, c'est-à-dire aux meilleurs joueurs professionnels originaires des nations britanniques, d'Europe centrale et d'Italie. En revanche, rien n'avait été décidé en ce qui concernait le format, le lieu ou la durée de la future épreuve, brèche dans laquelle le gouvernement uruguayen s'engouffra. Car il s'agissait bien d'une affaire d'État, où l'Asociación uruguaya de fútbol (AUF) n'était appelée qu'à jouer un rôle secondaire. Il était en effet nécessaire de mobiliser des ressources énormes et variées pour convaincre les fédérations européennes de venir disputer un tournoi dans un petit pays distant de plusieurs milliers de kilomètres, après une traversée de l'Atlantique en bateau de presque trois semaines.

La mobilisation fut d'abord économique, le parlement uruguayen votant à une large majorité le 16 mai 1929 une loi spéciale allouant 300 000 pesos à l'organisation de la compétition. Cette somme énorme devait permettre de couvrir la totalité des frais des participants pressentis, estimés à une quarantaine de pays. L'importance de l'investissement financier consenti par l'État uruguayen facilita la tâche d'Enrique Buero, l'ambassadeur d'Uruguay en Belgique et aux Pays-Bas qui était parvenu à se faire élire vice-président de la FIFA l'année précédente. Le même jour débutait en effet à Barcelone le congrès de l'organisation internationale devant décider du pays hôte, au cours duquel Buero réussit un véritable tour de force diplomatique, que l'historien Lorenzo Jalabert a précisément décrit. Ne pouvant s'aligner sur la proposition pécuniaire uruguayenne, les Pays-Bas, la Suède et la Hongrie retirèrent leur candidature ; de manière plus surprenante, l'Italie jeta elle aussi l'éponge – en réalité, Buero avait négocié avec elle ce retrait contre l'abandon par l'Uruguay d'une motion interdisant aux descendants d'immigrés italiens en Amérique du Sud de pouvoir jouer pour la *Squadra azzurra*. Enfin, le diplomate uruguayen convainquit l'Espagne de se porter candidate pour l'édition successive du tournoi, invoquant les bonnes relations entretenues par la couronne espagnole avec ses anciennes colonies dans le cadre du mouvement ibéro-américaniste. Plus rien ne s'opposait dès lors à la désignation de l'Uruguay, pour une Coupe du monde qui serait organisée quatorze mois plus tard, en pleine saison hivernale dans l'hémisphère Sud, mais pendant l'été en Europe, au moment de la relâche des championnats, ce qui devait faciliter la venue des sélections qui en étaient originaires.

L'année qui suivit ne fut malheureusement pas de tout repos pour les diplomates uruguayens, qui y laissèrent quelques cheveux blancs. Leur première mission consista à obtenir la participation des nations britanniques, avec la perspective de pouvoir défier (et battre bien sûr) l'Angleterre à Montevideo. Or ces dernières, après avoir adhéré à la FIFA en 1906, l'avaient quittée une première fois en 1920, leur demande d'exclusion des fédérations des nations vaincues pendant la Première Guerre mondiale n'ayant pas été acceptée. Elles étaient revenues en 1924, avant de se retirer de nouveau en 1928, probablement parce qu'elles estimaient que la présidence de l'institution devait revenir à un Anglais, ce qui n'était pas le cas ; mais elles ne pouvaient par conséquent prendre part à une épreuve organisée par un organisme dont elles n'étaient plus membres. Usant de son influence au sein de la FIFA, Buero réussit à faire admettre le principe d'une exception, arguant de l'importance symbolique que le potentiel affrontement revêtait pour l'Uruguay. Son gouvernement proposa en outre à la Football Association la somme de 10 000 livres sterling en plus du remboursement des frais de déplacement, proposition qui resta lettre morte, le football britannique préférant demeurer dans son « splendide isolement ». Ayant eu vent des tractations avec l'Angleterre, les fédérations d'Europe centrale réclamèrent à leur tour des cachets permettant de dédommager les joueurs professionnels qui feraient le voyage, ce que l'Uruguay leur concéda, à hauteur de 4 000 dollars pour chaque pays (Hongrie, Tchécoslovaquie et Autriche). Ces derniers firent néanmoins monter les enchères, obtenant *in fine* de pouvoir effectuer des tournées en Amérique du Sud avant et après la Coupe du monde ; non seulement ils ne perdraient pas d'argent, mais seraient même bénéficiaires. En réalité, ils cherchaient surtout à gagner du temps, ayant convenu depuis longtemps avec l'Italie de disputer un tournoi estival entre leurs meilleurs clubs : mieux valait s'épargner un long périple qui se conclurait inévitablement par des défaites humiliantes face aux meilleures formations sud-américaines. Horrifiés par ces affaires de gros sous, la majorité des pays européens, encore officiellement amateurs, décidèrent par ailleurs de s'abstenir, les fédérations scandinaves et allemande en tête. Au bout du compte, au début du mois de mars, aucune sélection européenne ne s'était inscrite à une compétition qui promettait de n'être qu'une Copa América de plus et en rien un championnat du monde.

Devant cet état de fait, le président de la FIFA, Jules Rimet, proposa à l'Uruguay que la Coupe du monde se déroule simultanément sur les deux continents, les vainqueurs des zones Europe et Amérique du Sud devant se rencontrer en finale sur terrain neutre à une date restant à déterminer. Face au refus outré des Uruguayens, il se résolut à essayer de sauver ce qui pouvait l'être : il prit son bâton de pèlerin et parcourut l'Hexagone pour monter une sélection qui ressemblât à quelque chose. Dans la foulée, Buero, bien introduit à la cour royale de Bruxelles, enregistra l'accord de la Belgique, à laquelle s'ajoutèrent *in extremis* deux formations de seconde zone, la Yougoslavie et la Roumanie. L'honneur de l'Uruguay était sauf, une Coupe du monde aurait bien lieu.

Entre-temps à Montevideo, une course contre la montre était engagée depuis une bonne année. La loi du 16 mai 1929 prévoyait en effet également de financer la construction d'un des plus grands stades de football du monde, sur le modèle de celui qui avait été inauguré en 1923 à Wembley, dans la banlieue nord de Londres. Le projet architectural pouvait sembler disproportionné par rapport à la taille de la capitale uruguayenne, qui comptait alors environ 600 000 habitants, puisqu'il était prévu que la nouvelle enceinte puisse accueillir une centaine de milliers de spectateurs. Néanmoins, bien qu'inachevée, celle-ci ne désemplit pas durant la Coupe du monde, ce qui illustrait le lien symbiotique unissant désormais le football et l'ensemble de la société. Par sa localisation, en plein centre de la ville, et par son nom même, le stade devait avant tout être considéré comme un monument édifié à la gloire d'une nation démocratique, puisque le centenaire commémoré en 1930 faisait référence au serment sur la constitution prononcé un siècle auparavant. Une nation dont le prestige et la reconnaissance internationale avaient été assurés par les épopées olympiques auxquelles l'édifice rendait un hommage appuyé : ainsi les deux virages situés derrière les buts portaient-ils les noms de « Colombes » (le stade construit pour les Jeux de Paris en 1924) et « Amsterdam », une des tribunes centrales étant quant à elle dénommée « Olímpica ». De manière performative, la tour en style Art déco de cent mètres de hauteur faisant face à cette dernière, dite de l'« Homenaje » (l'« Hommage »), était pour sa part une citation architecturale directe de la Marathontoren du stade olympique d'Amsterdam. Enfin, il était prévu que soit hissé à son sommet le drapeau national à l'issue de la finale qu'on espérait victorieuse, ce qui, fort heureusement, fut le cas – il y flotte toujours. Le stade du Centenaire constituait ainsi une forme audacieuse de patrimonialisation en temps réel : conçu comme un écrin où les différentes commémorations – de la nation et des victoires olympiques – étaient emboîtées, les unes renvoyant aux autres de manière circulaire, le monument ne pourrait remplir toute sa fonction symbolique que par un triomphe final, englobé dans des réseaux de citations dont il indiquait le sens ultime et qu'il venait clore sur eux-mêmes. Le risque pris par le régime batlliste était énorme ; heureusement pour lui, le poteau repoussa le tir de l'égalisation argentine et la génération dorée de la décennie 1920, bien que vieillissante, sut remporter un dernier succès.

Toutes ces considérations justifiaient en tout cas la mobilisation générale de la société uruguayenne pour assurer la réussite de cette nouvelle compétition sportive. Facteur de prestige national et de consensus social, le football avait progressivement revêtu une dimension éminemment politique que la première Coupe du monde contribua à renforcer. Vingt ans plus tard, on retrouverait des logiques identiques au Brésil, lorsque le géant sud-américain accueillit la quatrième édition des championnats du monde de football : investissement marqué de la classe politique, construction dans la capitale, Rio de Janeiro, d'un stade démesurément grand (le Maracanã et ses 200 000 places), ferveur populaire qui laissa les observateurs européens bouche bée. À la différence près que l'équipe à qui la victoire était promise, la *Seleção*, fut battue en finale par son voisin uruguayen, qui remportait là son quatrième titre mondial (et sa seconde Coupe du monde). L'immense détresse dans laquelle le pays tout entier fut plongé, restée dans la mémoire collective sous le terme de « *Maracanaço* » (le « désastre du Maracanã »), permet d'imaginer combien le désarroi aurait été profond à Montevideo en 1930 si la *Celeste* avait eu le malheur de s'incliner face à l'Argentine. Mais que ce soit dans la joie ou le chagrin, l'intensité des émotions provoquées par les Coupes du monde de football indique la centralité de celles-ci dans les systèmes symboliques des sociétés sud-américaines. En comparaison, les éditions organisées en Europe jusque dans les années 1960 faisaient pâle figure, au point qu'on s'y interrogeait même sur la viabilité de l'épreuve. Rien de tout ça, bien au contraire, en Amérique du Sud, qui voyait dans cette compétition le moyen de se mesurer avec le Vieux Continent et de traiter d'égal à égal avec lui. Ce sont bien les nations sud-américaines qui, parce qu'elles en éprouvaient un besoin impérieux, créèrent la Coupe du monde du football et réussirent à l'installer dans le paysage sportif mondial.

Chapitre 4

Requiem pour Mozart

Le dimanche 3 avril 1938, les habitués du Prater assistèrent à quelque chose d'étrange pour eux. Au milieu d'une des tribunes latérales du stade, à mi-hauteur, la régularité parfaite des rangées de sièges avait été brisée par l'installation d'une loge d'honneur, séparée du reste des travées par des planches en bois. Y avaient été disposés de gros fauteuils, bien rembourrés, où prit place, vers 14 heures, Adolf Hitler accompagné d'autres dignitaires nazis allemands et autrichiens. Trois semaines après l'Anschluss, ce léger aménagement signalait le nouvel ordre des choses : c'en était définitivement fini des idéaux d'égalité qui avaient présidé à la construction du stade du Prater par la municipalité sociale-démocrate viennoise au début des années 1930. À première vue, dans leurs grandes lignes, les stades de football se ressemblent tous ; dans le détail, certains parti pris architecturaux ou décoratifs délivrent autant qu'ils révèlent des orientations plus générales. Ainsi, à Wembley, les deux coupoles en style néo-mauresque qui dominaient les tribunes, par leur évocation d'une Inde traditionnelle telle que l'avaient inventée les Britanniques, rappelaient-elles que le stade avait été bâti à l'occasion de l'Exposition impériale et que le sport constituait le ciment culturel unificateur des différents peuples de l'Empire. À Montevideo, les statues à l'antique qui devaient à l'origine orner la tour de l'Hommage, mais que les architectes n'avaient pas eu le temps de faire sculpter, se référaient à la culture néo-classique des restaurateurs de l'olympisme, dont se réclamait la jeune République uruguayenne, laïque et universaliste. À Vienne, au début des années 1930, les sociaux-démocrates avaient pour leur part voulu mettre en scène les principes qui inspiraient leur politique sportive : toutes les places d'une même rangée, qu'elles soient situées sur un côté ou derrière les buts, se trouvaient à une distance identique du terrain. Grâce à cette prouesse architecturale, la séparation entre tribunes n'avait plus lieu d'être : quelle que soit sa rangée, un spectateur voyait aussi bien que celui qui était placé au même rang mais à un autre endroit de l'ellipse continue ainsi créée ; par conséquent tout le monde payait un même prix, par ailleurs modeste. Certes, les temps avaient changé depuis l'instauration en 1934 d'un régime autoritaire en Autriche, mais il avait fallu attendre l'arrivée des Allemands pour profaner le temple sportif de « Vienne la Rouge » et rétablir un peu de hiérarchie et d'inégalité au Prater.

Hitler s'était donc déplacé en personne et en grande pompe pour assister au prélude sportif au référendum qui devait décider le dimanche suivant de la « réunification de l'Autriche au Reich allemand » : allait en effet commencer le « match de la réconciliation » (*Versöhnungsspiel*) entre ce qui n'était désormais plus l'Autriche, mais la province d'Autriche (« Gau Österreich ») ou mieux l'Ostmark (la « marche orientale »), et l'équipe allemande du Reich, également dénommée l'« Altreich » (le « Vieux Reich ») – le vocabulaire traduisant ici la légitimité de l'Allemagne à annexer une région qui en aurait historiquement toujours fait partie. Se posait aussi la question des tenues que porterait chaque équipe, puisque les deux formations revêtaient habituellement la même : shorts noirs et maillots blancs ornés de l'aigle impériale. C'était là l'héritage du processus compliqué d'unification de la nation allemande au XIXe siècle : sur les ruines du Saint Empire romain germanique, deux solutions politiques avaient alors été en concurrence pour unir les peuples germaniques, la « grande Allemagne » autour de l'empire d'Autriche et la « petite Allemagne » autour de la Prusse, les deux se réclamant de l'antique dignité impériale. Le problème était désormais résolu : dans l'ancienne capitale des Habsbourg, l'Allemagne jouerait à domicile et aurait seule le privilège d'afficher les couleurs et emblèmes de l'Empire. L'Ostmark en serait réduite à utiliser son deuxième jeu de maillots, avec des bandes rouges et blanches, celles du drapeau de la république autrichienne en passe d'être absorbée par le IIIe Reich : mais le régime nazi n'en éprouvait aucun embarras, l'Autriche arborant là ses couleurs traditionnelles, comme l'aurait fait la Bavière (blanc et bleu) ou la Saxe (jaune et vert) si l'occasion leur en avait été donnée.

Au-delà de ces détails chromatiques et héraldiques, l'aspect le plus étonnant était que les dignitaires nazis aient choisi un match de football pour célébrer les « retrouvailles » entre l'Autriche et l'Allemagne. Le niveau de la *Reichsmannschaft* était en effet très faible, alors que se présenterait face à elle une des meilleures formations européennes, la *Wunderteam*, l'« Équipe merveilleuse », comme se plaisait à la surnommer la presse viennoise : la défaite de l'Allemagne était presque assurée. Il n'est pas sûr, là non plus, que les nazis en aient ressenti de la gêne, puisqu'il ne pouvait être question d'affirmer brutalement la souveraineté teutonique sur le terrain : disputée à l'enseigne de l'amitié retrouvée, la rencontre devait davantage permettre de mettre en valeur l'un des domaines où excellait l'Autriche depuis une dizaine d'années. De toute façon, les meilleurs éléments de l'équipe autrichienne étaient destinés à se fondre sous peu dans le nouvel ensemble national qui serait issu du plébiscite annoncé. Parmi ceux-ci, un joueur était particulièrement attendu, qui après une longue blessure effectuait enfin son retour en équipe d'Autriche, celui que les Viennois appelaient le « Mozart du football », la véritable vedette de l'après-midi : Matthias Sindelar.

En 1938, il avait 35 ans et s'apprêtait à mettre un terme à une carrière qui avait fait de lui, tout chétif qu'il était, le meilleur joueur du temps, admiré pour la malice de ses dribbles et l'intelligence de son jeu. Il était donc possible de devenir célèbre en jouant au football, au point que le Führer lui-même désire ardemment le voir se produire sous ses yeux, lui et ses coéquipiers de la *Wunderteam*. S'agissait-il d'une génération spontanée, apparue un peu par hasard sur les rives du Danube ? Sindelar était-il comme Athéna sorti tout armé de la cuisse de Jupiter ? Non, plus prosaïquement, sa trajectoire personnelle coïncidait avec l'émergence depuis le début des années 1920, sur une partie du continent européen, d'une industrie du football puissante et structurée, dont il constituait le fleuron.

Né en 1903, Matthias Sindelar était âgé d'une vingtaine d'années lorsque l'amateurisme fut progressivement abandonné en Europe centrale ; un phénomène généralement interprété comme l'une des conséquences indirectes du règlement de la Première Guerre mondiale. Au sein des institutions sportives internationales, les représentants des pays vainqueurs demandèrent en effet que soient appliquées des mesures de boycottage contre les nations considérées comme responsables du déclenchement du conflit. À la FIFA, l'Angleterre réclama en vain, on l'a vu, l'exclusion de l'Allemagne et des États issus de l'implosion de l'ancien Empire austro-hongrois (l'Autriche, la Hongrie et la Tchécoslovaquie). En ce qui concerne le CIO, les gouvernements français, britanniques et belges demandèrent à leur comité olympique respectif de faire pression pour que les athlètes originaires des anciennes puissances centrales ne puissent participer aux Jeux olympiques prévus à Anvers en 1920, ce qui, dans ce cas, fut accepté.

Dans les pays concernés, l'effet de cette décision fut dévastateur pour les tenants de l'amateurisme, notamment dans l'espace danubien frappé durement par la crise économique. Puisqu'il n'était plus possible de prendre part à la compétition de référence, le tournoi olympique de football, et que, par ailleurs, il fallait bien gagner sa vie dans un contexte difficile, pourquoi continuer à respecter la charte olympique qui prohibait le professionnalisme et ne pas vivre de ses talents footballistiques ? Le même raisonnement valait pour les dirigeants des clubs à Prague, Vienne ou Budapest – généralement des commerçants, des ingénieurs ou des membres des professions libérales – qui, par le biais de leurs échanges directs ou indirects avec la Grande-Bretagne, avaient découvert le football au tournant du XXe siècle : eux connaissaient le monde du football britannique, rentable financièrement depuis une trentaine d'années (1888 en Angleterre, 1893 en Écosse) ; pourquoi dès lors ne pas s'inspirer de ce modèle et tenter de le développer à leur tour ? Après quelques années de tâtonnements, de polémiques et de tractations, le professionnalisme fut légalisé somme toute assez rapidement en Autriche (1924), en Tchécoslovaquie (1925) et enfin en Hongrie (1926).

Afin d'assurer la viabilité d'une industrie du spectacle sportif, plusieurs exigences devaient être satisfaites. La première était de mettre sur pied des compétitions cohérentes susceptibles de fidéliser le public et de retenir son attention : le passage au professionnalisme impliquait de créer des championnats nationaux, qui, en Autriche et en Hongrie, rassemblaient au départ les meilleurs clubs des différents quartiers de Vienne et de Budapest. À charge pour une presse sportive spécialisée, dont le développement était concomitant, d'inventer une narration qui donne un sens aux affrontements intra-urbains devenus désormais réguliers, de saison en saison. À Budapest par exemple, l'« *Örökrangadó* » (le « Match éternel ») mettait aux prises les formations de deux arrondissements centraux, celles du 8e, le MTK (acronyme de Magyar Testgyakorlók Köre – le « Cercle des sportifs magyars »), et du 9e, Ferencváros ; tandis qu'à Vienne l'équipe de Sindelar, l'Austria, dont les supporters se réunissaient au Café Parsifal, à l'intérieur du Ring et à proximité du Staatsoper, s'opposait à celle du Rapid, dont le siège se trouvait dans un quartier ouvrier périphérique de l'ouest (Hütteldorf, dans le 14e arrondissement). Les clubs se livraient une concurrence effrénée pour attirer les meilleurs joueurs, ce dont ceux-ci profitaient en se vendant au plus offrant, comme l'attaquant hongrois Alfred Schäffer, qui fut transféré vingt et une fois au cours de sa carrière. Dans ce marché des transferts qui fonctionnait à l'échelle de l'ancien Empire austro-hongrois, c'était un peu la loi de la jungle, mais les clubs y trouvaient leur compte, puisque les joueurs permettaient de gagner de l'argent, comme un actif qu'on aurait réussi à valoriser. La nécessité perpétuelle d'augmenter les recettes pour acquérir les meilleurs éléments entraînait la multiplication des matchs, notamment lors de tournées estivales lucratives dans l'espace danubien, mais aussi parfois outre-Atlantique – à l'été 1926, le premier champion d'Autriche, l'Hakoah de Vienne, se rendit ainsi aux États-Unis. En 1927, les rencontres amicales entre formations tchécoslovaques, hongroises et autrichiennes s'institutionnalisèrent dans le cadre d'une nouvelle compétition, la coupe Mitropa, dont le nom était la contraction de l'allemand *Mitteleuropa* (Europe centrale), et surtout celui du principal sponsor, la compagnie des wagons-lits et restaurants qui assurait la circulation des équipes. En 1929, ce tournoi inter-clubs s'élargit à l'Italie, qui avait elle aussi autorisé le professionnalisme en 1926 et qui venait de se doter d'un championnat national unifié, la série A. L'entrée des clubs transalpins ne doit pas étonner : le nord du pays, dont plusieurs régions avaient appartenu à l'empire d'Autriche-Hongrie jusqu'en 1918 (le Trentin, le Frioul et la Vénétie julienne), était bien intégré culturellement à l'aire d'influence autrichienne. Mais les rencontres de cette nouvelle coupe d'Europe étant désormais réparties tout au long de la saison footballistique, de septembre à mai, il fallait trouver un moyen de meubler l'été, qui se retrouvait libre. L'Italie fut à la manœuvre et proposa d'organiser en Suisse un nouveau tournoi estival, la Coupe des nations, auquel prendraient part les participants réguliers de la coupe Mitropa et, sur invitation, des équipes d'autres pays (Pays-Bas, Espagne, Allemagne), afin d'élargir le marché habituel. La première édition était prévue pour l'été 1930 et les perspectives financières s'annonçaient prometteuses ; ainsi s'explique la non-participation de toutes ces fédérations à la première Coupe du monde uruguayenne : hors de question de lâcher la proie pour l'ombre.

La deuxième exigence avait trait au jeu pratiqué, qui devait être aussi spectaculaire que possible pour attirer un public payant. Sur ce point, le salut vint de Grande-Bretagne, où les championnats professionnels connaissaient une baisse d'affluence depuis le début des années 1920 : pour les relancer, la Football Association réforma la règle du hors-jeu en 1925. Entre l'attaquant recevant la balle et le but adverse, étaient désormais autorisés non plus trois mais deux défenseurs, gardien compris. L'effet fut immédiat, les attaques reprenant le dessus sur les défenses et le nombre de buts marqués augmentant fortement. Entre l'Angleterre et l'espace danubien, un nouveau système de jeu se mit progressivement en place, tourné résolument vers l'offensive et nécessitant une grande rigueur tactique dans l'apprentissage des circuits de passe entre joueurs, ce que le passage au professionnalisme et donc à un entraînement rationalisé et systématisé autorisait. On l'appelait le « Système ». Il consistait, schématiquement, à aligner cinq attaquants (trois avants-centres – deux ailiers et un attaquant de pointe) et deux milieux, tandis que cinq autres joueurs assuraient les tâches défensives, deux au milieu du terrain et trois plus bas – aujourd'hui, on dirait que c'était un 3-2-2-3. Une nouvelle figure émergeait, celle de l'entraîneur génial qui élaborait les schémas de jeu : Herbert Chapman, qui fit les beaux jours du club londonien d'Arsenal au début des années 1930, Hugo Meisl, à la tête de la *Wunderteam* autrichienne, mais encore toute une génération de techniciens hongrois et autrichiens, regroupés sous l'appellation d'« école de Vienne » ou d'« école danubienne », qui n'hésitaient pas eux non plus à faire commerce de leur expertise, comme le Hongrois Egri Erbstein, qui deviendrait plus tard l'entraîneur du « *Grande Torino* », cinq fois champion d'Italie d'affilée dans les années 1940. Si l'Autriche devint une « merveilleuse équipe » sous la houlette de Meisl, c'est que ce dernier sut mettre au point une variante du Système adaptée aux qualités de Sindelar : dans une sorte de 2-3-5, les deux milieux offensifs se transformant en ailiers (et un défenseur montant d'un cran pour compenser), celui-ci se tenait en retrait de deux attaquants de pointe, au centre du jeu, dans une position de meneur orchestrant la manœuvre et pouvant à l'occasion, à l'issue de une-deux rapides et de feintes, se retrouver à tirer au but. Cette tactique permit à l'Autriche de remporter la deuxième Coupe internationale en 1931-1932, une compétition disputée sous le format d'un championnat en match aller et retour – et par conséquent étalée dans le temps – avec la Hongrie, l'Italie, la Tchécoslovaquie et la Suisse. Depuis sa première édition, qui s'était déroulée entre 1927 et 1930, ce tournoi était considéré, parce que s'y opposaient majoritairement des sélections nationales composées de joueurs professionnels, comme la seule épreuve de référence au niveau international.

Enfin, cette nouvelle industrie du football s'appuyait sur une économie médiatique en plein essor qui en assurait la promotion. Du côté de la presse écrite, ce furent des mensuels, puis des hebdomadaires et pour finir des quotidiens qui relatèrent les exploits d'Alfred Schäffer, surnommé le « Roi du football », ou de « *Der Papierene* » (l'« Homme de papier »), comme on prit l'habitude d'appeler Matthias Sindelar en raison de sa fragilité physique. Les premières retransmissions radiophoniques stimulaient quant à elles la vente des postes de radio, autour desquels se rassemblaient des millions d'auditeurs dans les premiers cafés des sports, lors des grands événements. En Angleterre, Herbert Chapman dispensait des leçons de tactique sur les ondes de la BBC ; en Italie, Niccolò Carosio, l'« Aède de l'éther sportif », s'enflammait en 1932 au micro de l'EIAR (Ente italiano audizioni radiofoniche) sur les victoires du club de Bologne en coupe Mitropa (« *la squadra che tremare il mondo fa* » – « L'équipe qui fait trembler le monde ») ; en Autriche, Wilhelm Schmieger, le journaliste de la RAVAG (Radio Verkehrs AG), un éloquent professeur de littérature classique, fut le premier à consacrer la popularité de Sindelar en lui attribuant le titre de « Mozart du football » – la métaphore musicale valant reconnaissance de légitimité culturelle dans un pays où la musique classique avait depuis le XVIIIe siècle contribué à la construction de l'identité nationale. Dans leurs reportages radiophoniques, tous ces journalistes s'aidaient d'une innovation dont ils avaient réclamé l'introduction afin de se faciliter la tâche : les premiers numéros apparaissaient progressivement sur le dos des maillots des joueurs, ce qui permettait d'être plus précis dans les commentaires en direct. Au début des années 1930, Sindelar portait le numéro 9, celui de l'attaquant de pointe ; mais comme le faisait remarquer Schmieger, il était en réalité un « faux neuf », puisque son rôle et son influence dans le jeu dépassaient largement ceux d'un buteur. Le journaliste fit part de son insatisfaction à Meisl et obtint que fût attribué à Sindelar un autre numéro, qui correspondrait à son véritable statut sur le terrain, celui d'un meneur de jeu qui dirigeait des offensives réglées comme du papier à musique : c'est ainsi que Matthias Sindelar devint le premier numéro 10 de l'histoire du football.

Le match du 3 avril 1938 fut bizarre. Comme prévu, la *Wunderteam* domina les débats, mais elle ne marquait pas. Inexplicablement, Sindelar tirait toujours à côté des buts. Fallait-il y voir la trace d'un arrangement préalable ? Aurait-on convenu d'un match nul ou d'une défaite honorable de l'Allemagne ? Car il était inconcevable que celle-ci s'impose. Ou bien les Autrichiens n'avaient tout simplement pas la tête au football ; et Sindelar revenait de blessure. À la 62e minute, Sindelar marqua le premier but de la victoire 2-0 de son équipe, mais le dernier de sa carrière. Il traversa alors la moitié du terrain, accompagné d'un coéquipier avec lequel ils se congratulaient, pour se planter devant la loge d'honneur et, aux pieds du Führer, tirer sa révérence. Au moins, il n'avait pas raté sa sortie.

Chapitre 5

Le match des morts-vivants

Le 5 mai 1942, Viktor Bychkov, capitaine du NKVD, la police secrète soviétique, se trouvait dans la banlieue sud de Leningrad ; il y préparait une offensive pour tenter de desserrer l'étau dans lequel était prise la ville depuis le mois de septembre précédent. Cela faisait sept mois que le berceau de la révolution bolchevique était presque totalement encerclé par les armées allemandes ; l'hiver avait été rude et les vivres manquaient : des centaines de milliers d'habitants étaient déjà morts de faim. Ce matin-là, Bychkov fut convoqué d'urgence au quartier général : on lui donna l'ordre d'organiser, en moins de vingt-quatre heures, un « événement footballistique ». Pour les services de propagande du Parti communiste, peu importait qui jouerait le lendemain, l'essentiel était de rassembler vingt-deux joueurs qui, malgré leur état physique, forcément précaire vu que les rations alimentaires permettaient à peine de survivre, seraient en mesure de proposer un spectacle susceptible de susciter l'enthousiasme bruyant des spectateurs. Il s'agissait d'une opération de guerre psychologique destinée à répondre à la propagande allemande. Au mois d'avril en effet, la Wehrmacht avait publié un illustré dont le titre annonçait, en lettres capitales, « LENINGRAD EST UNE VILLE DE MORTS », au-dessus de photographies de ruines de bâtiments rasés au sol et de cadavres jonchant les rues. Le journal avait largement circulé dans les tranchées des assiégeants et des exemplaires traduits en russe avaient été parachutés sur la cité assiégée. Il fallait donc remonter le moral des troupes et de la population civile en faisant la démonstration que la vie continuait dans une Leningrad loin d'être complètement dévastée.

Pour remplir cette mission, Viktor Bychkov n'avait pas été choisi au hasard : il était en effet un excellent footballeur qui, avant la guerre, avait fait partie de l'équipe du Dynamo de Leningrad, une des meilleures du pays. Officiellement, il était alors un joueur amateur ; en réalité, ce fonctionnaire de la police avait bénéficié d'horaires aménagés qui lui avaient permis de se consacrer quasi exclusivement à ses activités footballistiques, ce qui en avait fait un véritable professionnel. Ce système, dit de l'amateurisme d'État, concernait aussi bien les employés des diverses administrations que ceux des grandes entreprises nationalisées en 1917 ou apparues depuis ; il avait conduit à la création, en 1936, d'un championnat de première division à l'échelle de l'URSS tout entière.

Aussi étrange que cela puisse paraître, l'univers du football soviétique ressemblait alors furieusement à celui qui s'était développé dans les démocraties occidentales de l'entre-deux-guerres. Ici comme ailleurs s'était structurée une véritable industrie du spectacle, qui obéissait aux mêmes logiques de rentabilité et de concurrence, certes avec des spécificités dues à un contexte politique particulier. Ce sport avait été introduit en Russie au tournant du XXe siècle par les élites libérales de Saint-Pétersbourg et de Moscou, celles qui constituaient alors le fer de lance des processus d'industrialisation du pays – ce qui les avait conduites à entretenir des liens étroits avec le monde britannique – et de modernisation politique du régime tsariste – elles avaient joué un rôle central dans les révolutions de 1905 et de février 1917. Après la guerre civile de 1918-1921, la culture du football avait continué de s'enraciner dans les grands centres urbains sous l'impulsion d'entrepreneurs issus des classes moyennes. À Moscou par exemple, dans le quartier de Presnia, les quatre frères Starostin (Nikolaï, Aleksander, Andrei et Piotr) s'ingéniaient à monter de petites équipes qu'ils faisaient participer à des tournois estivaux organisés à leur initiative. Dans le cadre semi-capitaliste de la NEP, la nouvelle politique économique, s'était ainsi mise en place une économie du football prospère, structurée autour de clubs puissants comme le Spartak de la fratrie Starostin, engendrant des recettes qui nourrissaient le marché des transferts des meilleurs joueurs et permettaient de construire des stades. Ceux-ci accueillaient un public d'ouvriers dont le nombre allait sans cesse croissant, notamment pendant le premier plan quinquennal (1928-1932) lorsque l'industrialisation à marche forcée de l'URSS entraîna l'arrivée en ville de dizaines de millions de paysans. Au milieu des années 1930, le football était ainsi devenu de loin le sport le plus populaire en Union soviétique et le régime n'y trouvait rien à redire, se contentant de protestations formelles quand les transferts étaient trop onéreux ou, au contraire, cherchant même à réguler cette nouvelle industrie du divertissement pour assurer son épanouissement : le Parti communiste intervenait ainsi régulièrement pour limiter le prix des billets d'entrée dans les stades afin que le football reste accessible à des masses populaires toujours plus passionnées.

Le tournant définitif dans le mouvement de structuration de l'activité footballistique eut lieu entre 1934 et 1936, pour des raisons qui renvoyaient à la fois au nouveau cours de la politique extérieure soviétique et à des considérations de politique intérieure. Après l'arrivée au pouvoir de Hitler en janvier 1933, l'abandon de la ligne « classe contre classe » et le choix de favoriser des dynamiques de Front populaire à l'Ouest avaient ouvert la voie à des formes de coopération et d'échanges avec les démocraties dites « bourgeoises ». En matière sportive, les contacts étaient désormais recherchés, même s'il ne fallait pas que les confrontations risquent d'entamer la croyance dans la supériorité du système socialiste. Dans le domaine du football, on procéda par conséquent avec précaution. À la fin du mois de septembre 1935, une sélection composée de joueurs des deux meilleures équipes praguoises, le Slavia et le Sparta, fut invitée à rencontrer des formations de Leningrad et de Moscou. Il s'agissait d'être à bonne école et on n'avait donc pas fait le choix de la facilité : le football professionnel tchécoslovaque était un des meilleurs d'Europe – son équipe nationale était allée jusqu'en finale de la Coupe du monde 1934 en Italie et le Sparta de Prague venait de remporter sa seconde coupe Mitropa après le succès inaugural de 1927. Néanmoins, à la fin de l'été, les footballeurs soviétiques étaient en pleine forme, puisqu'en Russie la saison courait de mai à octobre, alors que les Occidentaux étaient en phase de reprise après la pause estivale. C'était bien vu : devant 40 000 personnes à Leningrad dans le stade Lénine, puis 75 000 spectateurs dans le stade moscovite du Dynamo, on se sépara à chaque fois sur un score nul. Le match contre un des meilleurs clubs français, le Racing Club de Paris, prévu le 1er janvier 1936 au Parc des Princes, semblait plus risqué, mais la sélection moscovite, dans laquelle figuraient Aleksander et Andrei Starostin, ne s'inclina que 2-1. Cette défaite honorable fut utilisée par les dirigeants du football soviétique pour convaincre les autorités de leur pays qu'il fallait désormais suivre le modèle occidental et organiser un championnat d'élite unifié où seraient enseignés les rudiments du Système, cette tactique de jeu qui, bien que « bourgeoise », avait démontré sa supériorité.

Ce projet trouva un écho favorable parce qu'il s'inscrivait dans les nouvelles orientations générales de la politique économique et sociale soviétique. À la fin de l'année 1935, Staline avait en effet déclaré que « la vie s'était améliorée », qu'elle « était devenue plus joyeuse » : après l'extrême dureté du premier plan quinquennal, l'heure était au ralentissement des cadences, à la diminution du temps de travail et donc à l'augmentation de celui à consacrer aux loisirs. C'était dans ce cadre que s'opéra la *perestroika* (la « reconstruction ») du football soviétique au mois de mai 1936, le nouveau championnat devant offrir le meilleur spectacle possible aux travailleurs qui l'avaient bien mérité. La scène footballistique était bien entendu dominée par les équipes du ministère de l'Intérieur, les divers Dynamo de Leningrad, Moscou, Kiev et Tbilissi. Mais l'émulation serait assurée par les formations de l'Armée rouge (les différents CSKA) et celles des grandes entreprises – à Moscou et à Leningrad, le Spartak et le Zénith deviendraient vite les clubs préférés de l'intelligentsia ; et on pouvait aussi compter, dans la capitale, sur le Lokomotiv (industrie ferroviaire) ou le Torpedo (usine d'automobiles ZIS). Le choix d'organiser un match de football à Leningrad en 1942 était par conséquent logique : facteur de consensus dans la société soviétique, ce sport pouvait s'appuyer sur une tradition déjà bien établie.

Ce 5 mai 1942, Viktor Bychkov tenta d'abord de contacter ses anciens coéquipiers, pensant pouvoir mettre sur pied deux formations compétitives. Il fut rapidement déçu : certains d'entre eux étaient affectés à des postes de défense situés trop loin, au nord de la ville, et ne pourraient être prévenus à temps, d'autres étaient décédés ou si affaiblis qu'ils avaient dû être hospitalisés ; il n'y avait même pas de quoi bâtir une seule équipe. Il fut donc contraint de faire appel à trois collègues du NKVD, de bons joueurs du dimanche, qui vinrent ainsi compléter l'effectif du Dynamo. Il fallait leur trouver des adversaires : ce serait l'équipe de la Flotte de la Baltique qui, ne combattant pas en première ligne, était moins décimée que les autres corps d'armée. Bychkov convoqua ensuite l'arbitre, un des plus célèbres de l'époque, Nikolaï Usov, un major de l'Armée rouge, et recruta ceux qui assureraient la retransmission radiophonique : l'entraîneur du Dynamo, Mikhaïl Okun, pour les commentaires en russe, et, en langue allemande, Anna et Fritz Fuchs, un couple de communistes autrichiens exilés en Union soviétique. Mais il manquait encore le plus important pour que l'opération de propagande fût réussie : le public. Le matin de la rencontre, des militants du Parti s'en chargèrent : tous ceux qui dans les environs de l'île Krestovski, là où se trouvait le stade du Dynamo, ne travaillaient pas et étaient encore capables de marcher y furent amenés dans des camions militaires, en tout 2 000 personnes.

Le 6 mai 1942, à 14 heures, le match put commencer. Les joueurs étaient passés chez le coiffeur et s'étaient rasés de près, c'était un jour de fête, comme le leur rappela Bychkov avant le coup d'envoi. Néanmoins, celui-ci était inquiet : les visages de ses coéquipiers étaient si pâles et émaciés qu'il craignait qu'ils n'aient pas la force d'aller jusqu'au bout des

90 minutes réglementaires. Il leur proposa donc de ne disputer que deux périodes de trente minutes, s'attirant cette réplique du gardien du Dynamo : « Mais non ! Faisons un vrai match, quelque chose qui vaille la peine qu'on s'en souvienne. » Les débuts furent difficiles et les joueurs privilégiaient des passes courtes pour économiser leurs forces. Au quart d'heure de jeu, un des défenseurs de l'équipe des marins de la Baltique s'écroula, touché par une balle tirée par un *sniper* allemand. Tous s'interrompirent et entourèrent le blessé, qui se releva et voulut continuer de tenir sa place malgré tout. Sans autre incident, la rencontre se termina sur le score de 7-3 en faveur du Dynamo, sous les acclamations du public. Aux yeux des autorités soviétiques, l'opération était d'ores et déjà considérée comme un succès, conviction renforcée par la réaction de l'ennemi. Dès le lendemain en effet, de puissants haut-parleurs rediffusèrent la version allemande du commentaire radiophonique le long de la ligne de front : quelques heures plus tard, le stade du Dynamo était bombardé et totalement détruit par l'artillerie nazie.

Après cette première initiative improvisée, la fédération communiste de Leningrad décida d'exploiter de nouveau la popularité du football pour démontrer aux habitants et aux défenseurs de la ville, mais aussi à l'ennemi et au reste de l'Union soviétique, qu'il était hors de question de se rendre. On prévoyait d'organiser deux autres matchs trois semaines plus tard, pour se laisser le temps de réunir les meilleurs joueurs disponibles et de leur permettre de s'entraîner.

Le projet était de proposer un derby de Leningrad, la double confrontation devant opposer l'équipe du Dynamo à son grand rival d'avant-guerre, l'équipe du Zénith. Officiellement, celle-ci n'existait plus : elle était en effet composée d'ouvriers de l'usine métallurgique Staline, la plus grande de la ville, et il fallait faire croire aux Allemands, pour des raisons stratégiques, qu'elle avait été transférée plus à l'est, à Kazan. En réalité, les hauts fourneaux n'étaient pas transportables et on s'était contenté de la rebaptiser usine Nevski. Le Parti chargea l'ex-capitaine du Zénith, le contremaître Alexander Ziablikov, de reconstituer la formation. La tâche se révéla ardue, la plupart de ses anciens coéquipiers mourant littéralement de faim. Ziablikov ne se découragea pas ; il contacta les responsables de clubs de quartier pour recruter ceux de leurs joueurs qui au moins tenaient debout : sans gardien de but de formation – ce fut un arrière droit amateur, Ivan Kurenkov, qui en fit office –, c'était un Zénith de bric et de broc, qui s'entraîna tout de même deux fois par semaine jusqu'au jour du premier match.

Le 31 mai 1942, les deux équipes se retrouvèrent sur l'île Krestovski en début d'après-midi. La rencontre ne pouvait avoir lieu dans le stade du Dynamo, anéanti par les bombes allemandes trois semaines plus tôt. On ne put même pas utiliser le terrain d'entraînement qui, en raison de l'urgence sanitaire, venait d'être transformé en potager. Ce fut donc sur un authentique champ de patates, situé à proximité, que Dynamo et Zénith allaient en découdre. Cette fois-ci, en l'absence de gradins, peu de public, si ce n'était une centaine d'invalides que l'on avait sortis d'un hôpital militaire voisin. Pour que le rythme du match leur fût agréable, mais aussi pour ménager la santé des principaux protagonistes, seules deux périodes de trente minutes furent disputées. La première se termina sur le score de 0-0, avant que le Dynamo ne marque six buts lors de la seconde. Il semble que les joueurs de l'usine Nevski se soient écroulés physiquement face à leurs adversaires du Dynamo, ce qui s'explique sans doute par le fait que ces derniers, membres du NKVD, avaient droit à des rations alimentaires un peu moins faméliques que celles distribuées au reste de la population.

Une semaine plus tard, le 6 juin, même endroit, même heure, les deux équipes se séparèrent sur un match nul 2-2. Entre-temps, on avait retrouvé le gardien de but titulaire du Zénith, ce qui influa sans aucun doute sur le résultat. Mais c'est pour une autre raison que l'on se rappela ce troisième match, alors retransmis en direct à la radio dans tout le pays. Bien que de piètre qualité, la bande-son conservée aux archives, complétée par les témoignages ultérieurs des différents acteurs, permet de se faire une idée de ce qu'il se passa. Une dizaine de minutes après le début de la rencontre, des bombes allemandes commencèrent à tomber : c'était le complexe sportif du Dynamo qui était visé, et plus particulièrement le stade principal, déjà en ruines, mais que les nazis pensaient être le terrain de jeu du match dont ils écoutaient la retransmission en direct. Les joueurs s'arrêtèrent, hésitant à poursuivre. Intervint alors l'arbitre – c'était encore le major Nikolaï Usov. Il se dirigea vers le centre du terrain et là, d'une voix calme et puissante, s'adressa aux deux équipes : « Camarades ! Ils bombardent à côté de nous. Le match continue ! » Le jeu reprit, alors que le bombardement s'intensifiait. Les deux capitaines, Bychkov et Ziablikov, se rapprochèrent d'Usov : « Vous êtes sûr de vous, camarade arbitre ? demanda l'un d'eux. — Je ne suspendrai pas le match, camarades capitaines. Même si des joueurs sont mis hors de combat. Ce n'est pas un match de football que nous jouons ici, c'est une mission de guerre, ordonnée par l'état-major. »

Ce jour-là, les joueurs du Dynamo et du Zénith devinrent définitivement les symboles du courage et de la résistance des habitants de Leningrad et la preuve vivante que la population de la ville, mais aussi de toute l'Union soviétique, n'abandonnerait jamais la lutte face au nazisme. Un mois plus tard, le 19 juillet, des milliers de personnes se pressèrent au stade Lénine, le stade du Zénith, pour une ultime rencontre entre les deux clubs rivaux. En août, les deux équipes furent exfiltrées de la cité assiégée. Leur première destination fut Moscou, où elles furent opposées au Dynamo de Moscou, le 8 septembre, puis au Spartak, le 15 septembre. On put lire alors dans la *Pravda* : « Depuis le début de la grande guerre patriotique, au cours de la défense légendaire et héroïque de leur ville, les sportifs de Leningrad ont toujours été en première ligne. Et en saluant ces équipes de football, nous ne saluons pas seulement les joueurs, mais aussi les défenseurs de la ville. »

Après Moscou, le périple se poursuivit vers Kazan, la capitale de la république autonome des Tatars. Puis débuta une longue tournée en Asie centrale et en Sibérie. Partout, d'Alma-Ata à Omsk en passant par Novossibirsk, les joueurs du Dynamo et du Zénith furent chaleureusement accueillis. Redevenus anonymes après la fin de la Seconde Guerre mondiale, ils ne disparurent cependant pas de la mémoire collective. Jusqu'à la chute de l'URSS, chacun eut droit, lorsque le moment était venu, dans tous les journaux de la fédération, à une petite nécrologie, discrète mais affectueuse, en souvenir du million de Léningradois morts de faim, de froid et de maladie pendant le siège de la ville, de 1941 à 1944.

Chapitre 6

Un vrai miracle ?

Le dimanche 4 juillet 1954, la finale de la Coupe du monde opposa deux équipes d'amateurs, officiellement du moins. Et de l'Allemagne de l'Ouest ou de la Hongrie, la moins professionnelle des deux n'était pas celle à laquelle on penserait spontanément. Les Hongrois – comme les Tchécoslovaques d'ailleurs qui quelques années plus tard atteignirent eux aussi la finale au Chili (1962) – relevaient en effet du régime de l'amateurisme d'État, introduit par les Soviétiques dans leur aire d'influence après la Seconde Guerre mondiale. C'était par exemple le cas de la plus célèbre vedette magyare, Ferenc Puskás, le « Major galopant » dont le surnom indiquait l'appartenance aux forces armées de son pays. Les Allemands quant à eux – comme les Suédois qui quatre ans plus tard jouèrent la finale contre le Brésil (1958) – étaient d'authentiques amateurs. Josef Posipal vendait des meubles à Hambourg, Alfred Pfaff gérait un hôtel à Francfort, tandis que le capitaine, Fritz Walter, était l'heureux propriétaire d'une laverie chez lui à Leverkusen. Ce jour-là, lui et ses acolytes accomplirent l'un des plus grands exploits de l'histoire du football, en disposant – 3 buts à 2 – de ce que tous tenaient pour la meilleure formation ayant jamais existé, l'*Aranycsapat* (le « Onze d'or » ou l'« Équipe en or »), ainsi dénommée par la presse hongroise en référence au titre olympique remporté aux Jeux d'Helsinki en 1952.

Cette sélection hongroise était évidemment l'héritière de l'école danubienne qui avait émergé dans l'entre-deux-guerres et dont elle constituait, après la *Wunderteam* autrichienne des années 1930, l'expression la plus aboutie. Sa maîtrise du Système et de ses schémas de jeu offensifs était favorisée par le fait qu'au moins huit de ses titulaires habituels jouaient régulièrement ensemble au sein du Honvéd, une petite équipe ouvrière du 19e arrondissement de Budapest qui était devenue le club du ministère de l'Armée en 1949. Néanmoins, contrairement à ce qui pouvait advenir dans d'autres championnats de l'aire socialiste – à Moscou par exemple, Lavrenti Beria, le chef de la police politique, supportait mal que le Spartak tienne la dragée haute à son Dynamo –, le pouvoir politique hongrois avait laissé leur autonomie aux formations les plus prestigieuses de la capitale, l'Újpest, le MTK et le Ferencváros. Au sein d'un championnat hautement compétitif, les expérimentations se poursuivaient, le Système était perfectionné saison après saison et ces améliorations étaient synthétisées par le sélectionneur Gusztáv Sebes, qui avait été mis à la tête de l'équipe nationale en raison de ses qualités de tacticien hors pair et de ses convictions politiques – cet ancien contremaître de Renault-Billancourt au début des années 1920 était un communiste convaincu, l'homme idéal en somme pour démontrer la supériorité du football « socialiste ». En gros, l'animation du jeu avait évolué vers un dispositif où, en phase offensive, il n'y avait plus que deux défenseurs, cinq milieux de terrain, mais dont deux étaient des ailiers qui se projetaient vers l'avant où ils retrouvaient les trois attaquants – une sorte de 2-5-3, celui que les concepteurs de baby-foot choisirent comme modèle canonique quand ces jeux commencèrent à être fabriqués et vendus en Europe dans les années 1950. Ce schéma tactique, qui pouvait évoluer en phase défensive en 4-2-4, était servi par des joueurs très habiles techniquement, que ce soit Zoltán Czibor sur l'aile gauche, Sándor Kocsis à la pointe de l'attaque et surtout Ferenc Puskás et Nándor Hidegkuti, qui alternaient leurs positions d'attaquant et de milieu de terrain offensif, comme le faisait Matthias Sindelar en son temps ; mais maintenant ils étaient deux, deux numéros 10 pour orchestrer un tourbillon de passes et de dribbles qui faisait perdre la tête aux défenseurs adverses. En plus d'être efficace – de 1950 à 1954, la Hongrie resta invaincue 32 matchs consécutifs (dont 28 victoires) –, le résultat était spectaculaire : selon un journaliste français, les spectateurs de la finale d'Helsinki en 1952 n'avaient pas vu un match de football mais « un documentaire artistique ».

Parmi toutes ces victoires, les plus retentissantes furent sans nul doute celles remportées contre l'Angleterre en novembre 1953 puis en mai 1954, notamment la première qui se déroula à Wembley : pour la première fois, le pays était battu sur son sol par une équipe non britannique – l'Irlande y était parvenue à Goodison Park, le stade d'Everton, une des équipes de Liverpool, en 1949. En matière footballistique, les Britanniques s'étaient longtemps désintéressés de tout ce qui n'était pas eux-mêmes. Conséquence de l'absence d'un quelconque prosélytisme culturel de leur part – la diffusion de leurs sports hors de Grande-Bretagne était advenue presque par inadvertance, en tout cas sans qu'ils l'aient réellement voulu ou y soient pour grand-chose –, le fonctionnement de leur système sportif était profondément autarcique, seuls leurs championnats et leurs coupes étant choses sérieuses. Aussi les nations britanniques ne se décidèrent-elles à participer aux compétitions internationales de football que lorsqu'elles éprouvèrent le besoin de réaffirmer symboliquement leur supériorité, dans leur domaine le plus intime, alors que celle-ci, après 1945, était contestée sur d'autres plans. L'expédition brésilienne de 1950 se solda néanmoins par un échec inattendu – l'élimination de l'Angleterre au premier tour de la Coupe du monde par les États-Unis fut alors mise sur le compte de la malchance et de la ferveur qui avait décuplé les forces des anciens colonisés. Encore les journalistes anglais qui quittèrent le Brésil après la défaite de leur équipe nationale s'étonnèrent-ils que leurs confrères européens n'en fassent pas de même : quel intérêt le tournoi pouvait-il donc bien revêtir désormais ? Dans l'entre-deux-guerres, la

Football Association avait parfois accédé aux demandes insistantes des fédérations européennes qui voulaient que leur soit concédé l'honneur de se mesurer aux maîtres du jeu. Avec une sorte de curiosité amusée, des matchs amicaux avaient ainsi été accordés à l'Autriche en 1932 puis à l'Italie, à peine couronnée championne du monde, en 1934. Pour ce qui ne devait être, aux yeux du pays hôte, que de simples piqûres de rappel du juste ordre des choses (footballistiques) – la *Wunderteam* s'inclina 4-3, tandis que la *Squadra azzurra* fut défaite 3-2, même si Niccoló Carosio, dans son reportage radiophonique, exalta l'ardeur des « Lions de Highbury » –, les Anglais avaient refusé que les rencontres se jouent à Wembley, une enceinte bien trop vaste pour des rencontres qui laissèrent le public londonien largement indifférent. Que ce soit contre la sélection autrichienne ou italienne, ni le stade de Chelsea, Stamford Bridge, ni celui d'Arsenal, Highbury Park, ne firent le plein. Sur le terrain, les joueurs anglais démontrèrent leur maîtrise du Système, servie par une condition athlétique bien supérieure à celle de leurs adversaires continentaux.

Une vingtaine d'années plus tard, l'initiative vint de la fédération anglaise qui invita la Hongrie à venir à Londres pour ce que la presse britannique annonçait comme le « match du siècle ». Elle ne perdait rien pour attendre : le 26 novembre 1953, dans un stade de Wembley plein comme un œuf, le Onze d'or ne se contenta pas de battre l'Angleterre 6-3, mais il l'humilia dans le jeu. Puskás et Hidegkuti notamment, avec les décrochages incessants de l'un suivis d'appels en profondeur de l'autre – et inversement –, firent tourner les défenseurs anglais en bourrique, le second marquant la bagatelle de trois buts. Lors de la revanche à Budapest six mois après, la leçon fut encore plus sévère (7-1). La Hongrie pouvait légitimement se considérer comme la meilleure équipe de tous les temps, adoubée qu'elle était par les dépositaires de l'esprit du jeu – un des défenseurs anglais, Syd Owen, n'avait-il pas déclaré qu'il avait eu la sensation de « jouer contre des extraterrestres » ? La presse britannique ne tarissait pas d'éloges sur des Magyars qualifiés au choix de « *Magical* », « *Marvellous* », « *Magnificent* » ou bien « *Mighty* » (« puissants »), ce qui indiquait qu'on ne pouvait les écarter d'un coup d'épaule bien senti comme en avait subi le fragile Sindelar avant la guerre. Ceints des lauriers de la gloire, les Hongrois se présentèrent en Suisse avec le statut de grands favoris de la compétition.

Dès lors, pourquoi se sont-ils écroulés en finale, alors qu'ils menaient 2 buts à 0 au bout de dix minutes, avant d'être rejoints puis dépassés à cinq minutes de la fin de la rencontre ? Plusieurs facteurs peuvent être mis en avant. La fatigue accumulée tout au long du tournoi, notamment lors du quart de finale puis de la demi-finale contre les précédents finalistes de l'épreuve, le Brésil et l'Uruguay, constitue une première clé d'explication, tout comme le fait que Puskás jouait blessé et ne s'était pas complètement remis du coup reçu contre l'Allemagne en phase de groupe – l'*Aranycsapat* l'avait alors emporté

8-3, ce qui rendit d'autant plus incompréhensible aux yeux de beaucoup l'issue surprenante de la finale. Les conditions météorologiques influèrent également : il pleuvait sur Berne ce jour-là et le terrain, lourd et boueux, convenait moins au jeu hongrois fait de passes, de redoublements de passe et de dribbles déconcertants. Sur ce plan entra aussi en ligne de compte un facteur technologique qui avantagea l'équipe allemande, à savoir l'utilisation de crampons vissés sur leurs chaussures, fournies par leur équipementier bavarois, l'entreprise Adidas. Cette petite entreprise spécialisée en matériel de sport, qui employait alors une cinquantaine d'employés, avait été fondée en 1949 par Adolf Dassler – il avait utilisé l'abréviation de son prénom et de son nom pour forger le nom de sa société. Lui et son grand frère Rudolf travaillaient dans ce secteur depuis la fin des années 1920, mais n'avaient repris leur activité qu'à la fin des années 1940 – non sans se brouiller, l'aîné créant de son côté sa propre manufacture, Puma. Que les crampons soient vissés et non simplement cloués permettaient de les changer à tout moment et donc de s'adapter à l'état du terrain : en l'occurrence, les joueurs allemands en fixèrent des plus longs, qui s'agrippaient mieux à la pelouse mouillée, alors que les Magyars avaient des appuis moins sûrs, ce qui les désavantageait car cela limitait leur capacité à dribbler, un des fondements de leur jeu. Toutefois, les Hongrois perdirent surtout pour des raisons tactiques. Ils furent en effet considérablement gênés par la stratégie mise en œuvre par l'équipe germanique, qui consista à harceler en permanence le porteur du ballon, un de ses défenseurs, Horst Eckel – un fringant professeur de sport de Kaiserslautern – passant même tout le match à marquer de près Sándor Hidegkuti, devenu plus que jamais le cerveau du jeu adverse puisque Puskás était diminué. Une telle tactique, qui impliquait de courir sans cesse après le ballon et de ne jamais laisser respirer son adversaire direct, supposait de faire preuve de qualités d'endurance exceptionnelles, ce que stimulèrent des injections de méthamphétamine – comme le révéla le Comité olympique allemand en 2010, l'usage de ce produit dopant utilisé par les soldats au front pendant la Seconde Guerre mondiale était courant chez les sportifs de haut niveau ouest-allemands dans l'après-guerre. Tout ceci concourut à ce que le magazine sportif *Kicker* nomma dès la semaine suivante « le miracle de Berne » (« *das Wunder von Bern* »).

Néanmoins, le miracle ne se produisit pas seulement dans le stade du Wankdorf à Berne, mais, de manière plus surprenante – la surprise est une autre traduction possible du substantif *das Wunder* –, dans toute la République fédérale d'Allemagne (RFA), où des dizaines de millions d'auditeurs s'étaient agglutinées autour des postes de radio pour écouter la retransmission de la rencontre assurée par le journaliste Herbert Zimmermann. Les 5 et 6 juillet, des foules importantes accoururent dans les petites gares situées sur le trajet du train qui ramenait les héros à Munich pour pouvoir les saluer à leur passage ; puis, dans la capitale bavaroise, ceux-ci furent acclamés par un demi-million de personnes rassemblées dans le centre-ville. La ferveur qui entoura la *Nationalmannschaft* (l'équipe nationale) s'expliquait par la possibilité que cette dernière offrait de pouvoir exprimer l'orgueil patriotique avec lequel la société allemande entretenait un rapport compliqué depuis 1945, pour des raisons aisément compréhensibles. Dans la république fédérale fondée en 1949 sous la surveillance des puissances occidentales, où le fonctionnement de la plupart des institutions était décentralisé afin d'empêcher la résurgence d'un État central perçu comme le fourrier d'un nationalisme agressif, il s'agissait de la seule organisation dont le nom était encore accolé à l'adjectif « national ». Si sa reconstitution avait été autorisée en 1950 par les autorités d'occupation, c'était parce que celles-ci considéraient le football comme un objet culturel inoffensif, loin d'être massivement diffusé dans la société et privé par conséquent de toute dimension politique. En effet, et c'est pourquoi un tel enthousiasme ne laissait pas d'étonner, les Allemands s'étaient longtemps méfiés du football.

Lorsque ce sport avait été introduit dans l'Allemagne impériale du tournant du XXe siècle, la place était alors déjà prise par une autre activité physique, spécifiquement germanique, la gymnastique (le *Turn*). Codifiée depuis le début du XIXe siècle, celle-ci participait au mouvement séculaire de construction culturelle de la nation allemande et constituait dès lors une très forte concurrence aux sports d'origine britannique dont elle entrava la propagation. Les deux mondes s'opposaient radicalement. Les premiers footballeurs allemands étaient en effet des ingénieurs, des techniciens, des employés en lien avec les secteurs de la deuxième révolution industrielle fondée sur les secteurs de la chimie, de l'automobile et de l'électricité, qui avaient parfois découvert ce sport lors de séjours d'affaires ou d'études en Grande-Bretagne. Alors que leur pratique proposait un horizon cosmopolite, les clauses restrictives interdisant aux ressortissants étrangers d'adhérer aux sociétés de gymnastique démontraient quant à elles le lien intime entre la nation et la gymnastique. Les gymnastes allemands n'hésitaient d'ailleurs pas à proclamer que « *Der Sport ist undeutsch* » (« Le sport est antiallemand »). Ils critiquaient le football pour son absence de patriotisme, de discipline et d'esprit de sacrifice. Dans ces conditions, la première exigence à remplir pour que le football s'acclimate dans la société allemande consistait à donner des gages d'attachement à la nation : très vite, le terme fut traduit (on parlait désormais de *Fussball*) et nombre de clubs créés portaient des noms latins évocateurs comme *Alemania*, *Teutonia*, *Germania* ou encore *Borussia* (l'appellation latine de la Prusse). En ce qui concernait le vocabulaire spécifique aux compétitions, la terminologie se calqua sur la taxinomie de ces nouveaux métiers issus de la modernité industrielle mais insérés dans les cadres traditionnels de l'organisation du travail : par exemple, alors que les syndicats d'employés cherchaient à institutionnaliser leur profession en reprenant l'ordre hiérarchique des guildes – *Lehrlinge* (apprentis), *Gesellen* (compagnons) et *Meister* (maîtres) –, le vainqueur d'un tournoi de football était qualifié de *Meister*. Aujourd'hui encore en Allemagne, celui qui gagne la Coupe du monde est ainsi qualifié de *Weltmeister*, littéralement le « Maître du monde ». La seconde exigence tenait dans le refus absolu du professionnalisme, totalement incompatible avec la conception germanique d'une saine activité physique. Il ne pouvait de toute manière pas encore en être question, puisque le football restait, avant la Première Guerre mondiale, une pratique marginale, distinctive de la petite bourgeoisie des villes. Dans les années 1920, le football commença de s'enraciner timidement mais de manière non négligeable parmi les ouvriers, sous l'impulsion du mouvement sportif social-démocrate : au sein de l'*Arbeiterturnbewegung* (« Mouvement gymnique des travailleurs ») fondé en 1893 – et rebaptisé *Arbeiterturn – und Sportbund* en 1919 –, on dénombrait 48 000 footballeurs en 1920 et 140 000 en 1930 pour environ 700 000 adhérents.

Ces traits caractéristiques opéraient encore en 1954 et constituèrent même la première condition de la popularité et du retentissement de la victoire de la *Nationalmannschaft*. Ainsi tous ses membres étaient-ils des « joueurs sous contrat », un statut juridique apparu à la fin des années 1940 qui visait en apparence à concilier amateurisme et professionnalisme. Un joueur percevait un salaire compris entre 150 et 300 marks par mois, ce qui le situait au niveau des petites classes moyennes, mais il avait l'obligation d'exercer un métier à côté. Tout transfert était par ailleurs interdit, sous peine d'être privé de licence pendant un an. L'objectif était en fait d'empêcher par tous les moyens la naissance d'un marché des transferts qui nourrirait une économie du football financiarisée. Alors que l'adoption de ce statut original pouvait sembler constituer une étape préalable au passage au professionnalisme ou à tout le moins une concession envers lui, la Fédération allemande de football (la *Deutsche Fussball Bund* – DFB) le concevait en réalité tout autrement : elle entendait contrôler les circulations d'argent pour les cantonner définitivement au strict minimum ; en cela, elle s'accrochait à son idéal d'amateurisme, que le régime nazi lui avait permis de conserver, le seul à même de donner lieu à une pratique saine, pour le bien du peuple et de la nation.

Aussi les joueurs de 1954 apparaissaient-ils comme les représentants authentiques d'une société qui se reconnaissait en eux. En témoigne la teneur des milliers de cadeaux envoyés aux vainqueurs de Berne : ils croulèrent sous des montagnes d'*Allgäuer Käse* (du fromage de vache), de mottes de beurre, de gâteaux faits maison, de bas pour leurs petites copines, sans compter les postes de radio ou des bons pour les vacances, c'est-à-dire les signes de la prospérité pour une génération marquée par la guerre mais engagée dorénavant dans une nouvelle aventure, celle de l'entrée dans la société de consommation. De ce point de vue, le *Wunder von Bern* fonctionnait comme métaphore sportive du *Wirtschaftswunder* (le « miracle économique »). Fritz Walter et ses coéquipiers avaient montré à leurs concitoyens comment, bien qu'en mauvaise posture, on pouvait s'imposer face aux difficultés de la vie quotidienne et à la supériorité de celui qui semblait plus fort ; comment, lorsqu'on était foncièrement honnête, on réussissait en donnant le meilleur de soi. Les vertus qui leur avaient assuré le succès et qu'on leur attribuait – le sens de l'effort, la discipline collective, la camaraderie, l'ardeur – étaient celles des travailleurs allemands œuvrant au redressement du pays. Une expression fit alors florès : « *Wir sind wieder wer* », littéralement « Nous sommes de nouveau quelqu'un ». Qui était ce « quelqu'un » ? Imprégné dans son enfance de qualités considérées comme nationales mais compromises par le nazisme – au premier rang desquelles la camaraderie –, il était celui capable de les reformuler en de nouvelles vertus utiles pour la reconstruction. Ainsi certains historiens d'outre-Rhin se plaisent-ils à dater la fondation de la République fédérale d'Allemagne non pas en 1949, avec le vote de la Loi fondamentale, mais en 1954, la victoire de Berne ayant légitimé le nouveau régime en suscitant l'adhésion populaire qui lui manquait. Le consensus social se serait dès lors incarné dans une trinité *a priori* improbable : Konrad Adenauer, l'inamovible chancelier conservateur, pour la dimension politique – « *der*

Wundergreis », le « Vieillard miraculeux », comme on l'appelait ; Ludwig Erhard, le gardien de l'ordolibéralisme, pour la dimension économique ; et Fritz Walter, pour la dimension morale, celle d'une Allemagne moderne, tournée vers un nouvel avenir par l'entremise du football, devenu consubstantiel à son identité nationale.

Néanmoins, tous ne l'entendirent pas de cette oreille, notamment ceux qui, comme Theodor Adorno, un des théoriciens de l'école de Francfort, s'inquiétaient de la « persistance du national-socialisme dans la démocratie ». Dans son étude sur les limites de la dénazification en RFA, l'historien Alfred Wahl a ainsi montré que le succès de 1954 fut salué publiquement par une partie de l'encadrement de l'équipe (l'entraîneur Sepp Herberger et le président de la DFB Peco Bauwens) avec un vocabulaire emprunté à la rhétorique du IIIe Reich, ce qui suscita un grand embarras en Allemagne. Le 6 juillet par exemple, alors que l'équipe allemande était reçue à la brasserie Löwenbräukeller après avoir défilé dans Munich, la radio bavaroise préféra interrompre la retransmission du discours de Bauwens pour passer de la musique classique. Le lendemain, la *Süddeutsche Zeitung*, le quotidien de la gauche sociale-démocrate munichoise, dénonça l'emploi d'expressions typiquement nazies comme « *Endsieg* » (« victoire finale ») ou « *Führerprinzip* », avant de déplorer que Bauwens ait « apporté de l'eau au moulin de ceux qui pensent que nous n'avons rien appris du passé ». De ce point de vue, la scène finale du film de Rainer Maria Fassbinder,

Le Mariage de Maria Braun, réalisé en 1979, peut être interprétée comme la réminiscence du malaise causé par ces dérapages verbaux. Dans cette œuvre visant à restituer la vie quotidienne dans l'Allemagne de l'après-guerre, l'héroïne, Maria, incarnée par Hanna Schygulla, finit par mourir dans une explosion de gaz accidentelle alors qu'elle écoute la retransmission radiophonique de la finale de 1954 et les hurlements de joie du commentateur, Herbert Zimmermann, formé avant 1945 – « *Aus ! Aus ! Aus ! Aus ! Das Spiel ist aus ! Deutschland ist Weltmeister !* » (« Fini ! Fini ! Fini ! Fini ! Le match est fini ! L'Allemagne est championne du monde ! »). Mais est-ce vraiment un accident ? Ou Maria, nouvelle Mère Courage, incarnation d'une Allemagne qui tente par tous les moyens de continuer à vivre, décide-t-elle, à ce moment précis, de jeter l'éponge, d'allumer une cigarette et ainsi d'en finir, rien n'ayant réellement changé ?

Chapitre 7

Les tribunes de Pasolini

En ce dernier dimanche d'octobre, l'automne romain est superbe. Pier Paolo Pasolini décide de ne pas prendre sa Fiat 600, qu'il a pu acheter trois ans plus tôt avec ses premiers droits d'auteur, et de se rendre au Stade olympique à pied. De chez lui, depuis les hauteurs du quartier populaire de Monteverde, il faudra descendre vers le fleuve à travers le Trastevere puis remonter les quais du Tibre pendant une petite heure. Un peu avant midi, il embrasse sa mère, Susanna, et se met en route : mieux vaut partir tôt et arriver au stade bien avant le coup d'envoi, fixé à 15 heures, car il y aura du monde pour assister au derby entre les deux équipes de la capitale, la Roma et la Lazio. On attend en effet environ 90 000 personnes, resquilleurs compris, pour une rencontre comptant pour la huitième journée de la série A, le championnat de première division. En chemin, Pasolini aura le temps de penser à l'article qu'il doit envoyer le soir même à la rédaction de *L'Unità*, l'organe du Parti communiste italien, l'équivalent transalpin de *L'Humanité*.

Si le quotidien communiste ne lui avait pas passé la commande, Pasolini n'aurait jamais assisté à ce match-là. Non qu'il n'aime pas le football, bien au contraire : il y joue dès qu'il peut et il y joue même extrêmement bien. Ses anciens élèves du collège privé de Ciampino, où il enseigne à son arrivée à Rome de 1951 à 1954, se souviennent ainsi d'un professeur qui leur apprenait à la fois le latin et la meilleure façon de taper dans un ballon lors de parties interminables organisées sur les prés qui bordent la Via Appia Antica. C'est à Bologne, entre 15 et 21 ans, au lycée puis à l'université, qu'il avait développé ses talents balle au pied et en parallèle occupé une bonne partie de ses dimanches après-midi à encourager le FC Bologna, l'une des meilleures formations européennes de l'entre-deux-guerres, victorieuse de la coupe Mitropa en 1932 et 1934. Plus tard, Pasolini se rappellerait, « la gorge serrée », ces moments passés au stade municipal de Bologne comme, « sans aucun doute, les plus beaux de [sa] vie ». Une fois installé dans la capitale, au mois de janvier 1950, il n'avait néanmoins pas renoué avec ce type de distraction. Tout simplement parce qu'il n'en avait plus les moyens : le salaire qu'il percevait à Ciampino (20 000 lires par mois) lui permettait à peine de payer un loyer dans la *borgata* – le faubourg populaire – de Ponte Mammolo, au nord-est de la ville, près de la prison de Rebibbia. Lorsque sa situation matérielle commença à s'améliorer, à partir de 1954, il n'en continua pas moins d'éviter de se rendre au Stade olympique, d'abord parce qu'il considérait que le niveau des deux équipes romaines était trop faible – ce qui n'était pas forcément faux –, mais surtout parce qu'il évoluait désormais dans des réseaux de sociabilité largement indifférents, voire hostiles au football.

Après trois années marquées du sceau du « déshonneur, du chômage et de la misère », selon ses propres mots, Pasolini parvint en effet à intégrer progressivement les cercles de la gauche intellectuelle romaine, notamment en se liant d'amitié avec Elsa Morante et Alberto Moravia. Il commençait également à se faire connaître comme scénariste et en 1956 Federico Fellini lui demanda d'écrire les dialogues des *Nuits de Cabiria*, film qui valut à Giulietta Masina le prix d'interprétation féminine à Cannes l'année suivante. Il fréquentait enfin le milieu des poètes, par exemple son voisin à Monteverde, Attilio Bertolucci – dont il introduira le fils, Bernardo, dans le monde du cinéma quelques années plus tard. Tout ce petit monde gravitait autour du Parti communiste italien (PCI), dont ils étaient des compagnons de route, même si Pasolini en avait été exclu pour une histoire de mœurs en 1949. Ce dernier se définissait néanmoins toujours comme communiste et confiait l'année précédente dans une lettre au romancier Italo Calvino « avoir toujours voté pour le PCI ».

De nos jours, qu'un quotidien généraliste sollicite un intellectuel passionné par le sport pour un article, à l'occasion d'un événement ou d'une compétition importante, peut nous sembler d'une grande banalité. En 1957 en Italie, c'était pourtant la première fois que la chose se produisait dans le domaine du football. Jusque-là, seul le cyclisme avait connu cet honneur, notamment avec l'écrivain Dino Buzzati envoyé spécial en 1949 du *Corriere della Sera*, le grand quotidien libéral milanais, sur les routes du Giro, le tour d'Italie cycliste. Mais dans la seconde moitié des années 1950, le football supplantait progressivement le cyclisme comme sport national, ce dont témoignait par exemple la hausse décisive de la fréquentation des stades – entre 1953 et 1963, le nombre de spectateurs augmenta de près de 30 %. Cette évolution était elle-même le fruit de profonds changements sociaux, marqués par de fortes migrations internes et un exode rural massif : en une dizaine d'années, dix millions de personnes furent concernées. Pour les migrants arrivant en ville, le *calcio*, comme on désignait le football en Italie, constituait une forme culturelle de transition vers un nouveau mode de vie. C'étaient ces anciens paysans que remarqua Pasolini au Stade olympique et qu'il mit en scène dans son article de *L'Unità* : « l'amour pour la Roma » de ces « immigrés depuis peu » était si « émouvant » qu'il lui « arrachait des larmes ».

L'intérêt manifesté par Pasolini pour l'origine sociale de ces nouveaux *tifosi* de la Roma et le jugement positif qu'il portait sur les modalités d'expression de leur passion constituent le second aspect notable de son texte. Loin de se contenter d'accepter de se déplacer au stade et d'écrire sur un match de football – ce qui en soi mérite d'être souligné en raison du caractère exceptionnel de la chose pour un intellectuel des années 1950 –, Pasolini installa en outre un dispositif de type sociologique où l'objet de ses réflexions ne se situait pas tant sur le terrain que dans les tribunes, remplies de supporters auxquels il donnait la parole et devant lesquels il finit par s'effacer. Il s'agissait là d'une opération intellectuelle alors totalement inédite, qui posait la question des liens entretenus entre les intellectuels, ces professionnels de la « haute culture », et la culture populaire.

Le lendemain, lundi 28 octobre 1957, l'édition romaine de *L'Unità* fut largement consacrée au derby de la capitale, qui se vit réserver trois pages entières sur huit : sous le titre « Symphonie jaune et rouge [les couleurs de la Roma] », d'abord la page 3, traditionnellement dédiée à l'actualité culturelle – mais c'était en général la culture légitime (littérature, peinture, théâtre) qui y avait droit de cité et cet élargissement à la culture sportive était significatif –, puis la page 4 où l'on trouvait l'article de Pasolini et enfin la dernière page, qui consistait en un reportage photographique (« Obiettivo derby »). Une telle place n'avait rien d'exceptionnel dans la presse communiste de l'après-guerre et s'expliquait par l'attitude pragmatique de la direction du PCI vis-à-vis des sports professionnels, théorisée par son secrétaire général, Palmiro Togliatti, depuis les années 1930. Ce dernier avait alors mis fin à la méfiance originelle du mouvement socialiste italien pour les sports « bourgeois », soupçonnés de détourner les prolétaires de la lutte politique, comme le faisait remarquer en 1912 le leader socialiste Filippo Turati quand il fustigeait un phénomène « stupide et aristocratique », deux qualités à ses yeux « souvent synonymes ».

Ce revirement s'expliquait en premier lieu par l'importance accordée à la culture par les communistes italiens. À leurs yeux, c'était l'encadrement puissant d'un PCI tirant sa légitimité des masses qui rendrait la culture « populaire », au sens où cette catégorie était politiquement construite, entre autres, grâce à la culture. En donnant de la dignité à la culture populaire, le Parti communiste contribuerait ainsi à la métamorphoser en culture nationale. Cette conception du rôle du Parti dans la diffusion de la culture expliquait qu'un certain nombre de dirigeants communistes n'aient pas éprouvé de difficulté particulière à accorder une large place aux sports, même professionnels, ainsi qu'aux autres productions de la culture de masse, dans les périodiques liés au PCI. À partir du moment où, en schématisant, on considérait que tout ce que touchait le Parti était d'or, rendre compte de l'actualité sportive devenait une opportunité indirecte d'étendre l'influence de celui-ci. Ainsi les journalistes sportifs communistes concevaient-ils leur travail non comme une concession à l'adversaire, mais comme une contribution proprement politique à la formation des masses.

D'autres préoccupations, plus terre à terre, intervinrent également. En 1950, lorsque les Soviétiques avaient reproché à *L'Unità* de ne pas parler assez des luttes ouvrières et de la théorie marxiste-léniniste et avaient exigé que le journal fût transformé en une version italienne de la *Pravda*, un des rédacteurs,

Felice Platone, avait rétorqué de manière fataliste : « D'accord, c'est moche, mais ça augmente le tirage. » Face à la popularité grandissante du football, y compris parmi les militants et sympathisants du PCI, la rédaction du quotidien communiste ne pouvait se soustraire à ses obligations, en premier lieu commerciales : on ne traitait pas un derby à la légère. C'est d'abord le monde du cinéma qui fut sollicité, avec la vedette originaire de Rome Alberto Sordi et deux jeunes actrices débutantes, l'une amoureuse de la Roma, Alessandra Panaro, l'autre de la Lazio, Rossella Como. Le recours à un intellectuel s'inscrivait quant à lui dans une configuration éprouvée : légitimer la culture populaire en lui donnant l'onction des élites et contribuer ainsi à la renforcer, mais par le filtre d'un homme de culture situé dans l'orbite communiste. Dans cette optique, pourquoi le choix de la rédaction de *L'Unità* s'était-il porté sur Pier Paolo Pasolini ?

Une des premières raisons relevait de l'évidence : l'écrivain aimait le football, au point que son premier roman, *Ragazzi di vita*, publié deux ans auparavant, était aussi la première œuvre littéraire italienne lui accordant autant de place. Dès l'incipit, le héros, Riccetto, un adolescent du sous-prolétariat romain, était présenté au beau milieu d'un match de football improvisé sur un terrain vague. Avec ce premier roman, Pasolini avait accédé à la notoriété, une célébrité renforcée par les poursuites engagées à son encontre par le tribunal pénal de Milan pour « pornographie et obscénité », suite à un signalement de la présidence du Conseil, qui aboutirent en 1956 à un procès où Pasolini et son éditeur furent acquittés. Cette procédure judiciaire – l'une des trente-trois qu'il aurait à affronter au cours de son existence – lui gagna le soutien appuyé du Parti communiste, qui défendait systématiquement les intellectuels en butte à la censure, qu'elle fût étatique ou ecclésiastique, présentés comme les victimes d'un régime clérical, obscurantiste et peu démocratique, sinon autoritaire. Dans ce contexte, les démêlés judiciaires de Pasolini lui valaient la sympathie des milieux communistes.

Cette bienveillance ne l'empêchait cependant pas de subir les foudres des critiques littéraires du Parti. Sans rentrer dans le détail des controverses, trois choses étaient principalement reprochées au Pasolini des *Ragazzi di vita* : le manque de « perspective » politique offerte aux adolescents romains réduits à la misère ; le réalisme par trop « documentaire » du récit, presque soupçonné de décadentisme ; enfin l'usage systématique du dialecte et d'une langue pas assez correcte, à l'opposé de la fonction éducative de la littérature. Néanmoins, tout fut oublié deux mois plus tard, après que Pasolini s'était vu décerner le prix Viareggio dans la catégorie la plus noble, celle de la poésie, pour son recueil de poèmes *Les Cendres de Gramsci*. Avec ce prix littéraire, l'un des plus prestigieux de la péninsule, l'équivalent du Goncourt en Italie, Pasolini entra de plain-pied dans la cour des grands. Aux détracteurs de sa langue vulgaire, il faisait la démonstration de sa maîtrise de la métrique classique ; ce n'est donc pas un jeune romancier de 35 ans à la réputation sulfureuse et au style erratique qui s'apprêtait à écrire un article pour *L'Unità*, mais un poète consacré, reconnu par ses pairs : en somme, le mieux à même de donner ses lettres de noblesse au football.

Néanmoins, Pasolini se savait isolé au sein des élites de la gauche communiste, que ce soit celles de la sphère politique et syndicale ou celles du monde intellectuel gravitant autour du PCI. À de rares exceptions près, celles-ci se signalaient généralement par leur distance à l'égard de la culture sportive. Sans doute certains ne liraient-ils même pas sa contribution. Mais pour ceux qui se donneraient la peine d'aller jusqu'au bout de son article, notamment les deux derniers paragraphes qui constituaient une véritable défense et illustration du *tifo*, Pasolini développa une stratégie argumentative destinée à les amadouer en évitant de les brusquer. Aussi commença-t-il son texte par définir d'abord ce que n'était pas le *tifo* dont il allait faire la promotion, en prenant soin de se situer sur leur terrain et de jouer avec leurs références théoriques. Son *tifo* n'aurait ainsi rien à voir avec le « *pseudo-concetto* » dénoncé par le grand penseur libéral Benedetto Croce. Dans l'après-guerre en effet, l'influence et le prestige de la philosophie crocienne expliquaient en partie l'ostracisme de la majorité des intellectuels à l'égard du football. Nombre d'entre eux, y compris dans le monde communiste, avaient été formés à l'idéalisme professé par le philosophe napolitain et en restaient marqués. Selon ce dernier, le sport représentait un abaissement de l'esprit et constituait une « triste parodie matérialiste d'un idéal éthique » qui, avec le nationalisme, avait contribué au déchaînement des deux guerres mondiales. Le néo-idéalisme qui était associé à Croce assimilait la culture à l'histoire des idées. Ainsi le sport était-il rejeté comme l'indice d'une uniformisation par le bas de la vie culturelle. Au soupçon s'ajoutait la dénonciation, de plus en plus vive au cours des années 1950 : la commercialisation de la culture serait sous-tendue par la puissance toujours plus grande de médias aliénants et la massification de la réception rendrait cette aliénation plus forte encore, d'autant qu'elle mêlerait indistinctement les classes sociales en un creuset où disparaîtraient spécificités et héritages. Tout ceci conduisait les milieux intellectuels de la gauche italienne à théoriser une dichotomie entre la culture populaire traditionnelle et la culture commerciale moderne : c'est dans ce cadre qu'ils prenaient massivement parti contre le football, considéré comme un agent des classes dominantes.

Il était par conséquent essentiel pour Pasolini de circonscrire les nouvelles formes de *tifo* qu'il observait en les excluant des mécanismes de l'aliénation. Il se sentit par exemple obligé de faire des concessions à propos des masques et autres effigies aux couleurs des clubs supportés par les *tifosi* auxquels il faisait allusion à plusieurs reprises. Si ces détails ne nous étonnent pas outre mesure, puisque ce sont là des éléments constitutifs du rituel footballistique actuel, ils ne pouvaient que surprendre lorsque le rituel en était encore dans sa phase de gestation. En réalité, si, à l'heure de la massification du spectacle footballistique, le *tifo* était en train d'acquérir des formes plus structurées et de s'enrichir d'un nouveau langage rituel, c'était sous l'impulsion des grands industriels propriétaires des clubs (la famille Agnelli à Turin, le pétrolier Angelo Moratti à l'Inter de Milan, l'éditeur Andrea Rizzoli au Milan AC). À la fin des années 1950, ces derniers se lançaient dans la production et la vente de ce qu'on appelle aujourd'hui des produits dérivés et que la masse des *tifosi*, d'extraction toujours plus populaire, pouvait progressivement s'offrir en raison de la hausse du niveau de vie. Pour Pasolini, l'enjeu était de se préserver de toute accusation d'aliénation commerciale. Il précisa donc par deux fois que tout ceci lui procurait « une grande peine » et qu'il le « supportait » difficilement. Alors qu'il invitait les élites intellectuelles à se montrer accueillantes aux nouvelles formes de la culture populaire, il était important de réaffirmer les hiérarchies culturelles à l'heure où celles-ci risqueraient d'être brouillées. En matière de *tifo*, toute autre attitude qu'une réserve de bon aloi était encore perçue comme incorrecte, peu conforme au fair-play requis, déplacée, de mauvais goût ou relevant d'un chauvinisme vulgaire.

L'essentiel du texte de Pasolini s'employait donc à devancer et à désamorcer les critiques qu'un lecteur cultivé pourrait lui adresser. Dans un premier temps, l'intellectuel passionné de football avait choisi de venir jouer sur le terrain de l'adversaire, en lui donnant des gages, préalable nécessaire avant d'en arriver au point le plus important pour lui, la légitimation du *tifo* populaire. C'était l'objet des dernières lignes et de la citation finale d'un des *tifosi* originaire de banlieue et particulièrement satisfait de la victoire 3-0 de la Roma :

> « Prenez le "*Mozzone*", par exemple, qui, ayant vu l'annonce de mon article sur *L'Unità*, m'a tout de suite téléphoné de Torpignattara : "Oh Paolo, ne va pas dire du mal de la Roma, hein !" Puis je l'ai vu, avec ses amis, sous l'obélisque de Mussolini. À peine étions-nous en vue de Saint-Pierre, qu'il a tout de suite tranché, en deux mots : "Écris dans l'article, a-t-il dit, que le cadavre de la Lazio puait encore quand nous sommes sortis du stade. Et le macchabée puera toute la semaine !" »

Ce dernier paragraphe constituait une sorte d'appendice à *Ragazzi di vita*, comme si Pasolini introduisait de nouvelles figures toujours désignées non par leur prénom mais par leur surnom (ici le « *Mozzone* »). Comme dans le roman, les personnages marchaient dans la ville, ici du Stade olympique jusqu'à la basilique Saint-Pierre, ce qui représentait une petite heure de trajet. Enfin, l'élément central résidait encore une fois dans la valorisation de la langue parlée par les habitants des périphéries de la capitale, « ni romains, ni méridionaux », de ce *romanesco* pour la traduction duquel un glossaire avait été fourni dans le livre de 1955. L'intermédiaire privilégié de Pasolini, celui qui lui présentait des gens et lui traduisait des éléments de vocabulaire, était toujours son ami Sergio Citti, un peintre du quartier de Maranella. C'était encore lui qui accompagnait l'écrivain ce jour de derby et le guidait dans les travées du Stade olympique.

Le Pasolini chroniqueur sportif alliait donc un intérêt ancien, déjà présent dans sa formation frioulane, pour le parler dialectal comme forme de culture populaire, et une vive sensibilité à l'expérience d'une différence culturelle radicale avec l'univers médiatisé du sport moderne. Logiquement en effet, quelques lignes avant cet extrait, l'auteur prononçait un anathème contre la télévision, avec une diatribe contre la publicité dont le langage visuel risquerait par contamination de stériliser le cerveau des *tifosi*. La métaphore déployée évoquait la croisade menée contre la RAI par les intellectuels communistes depuis 1954, ses jeux télévisés et ses spots publicitaires, véritable « frigidaire du cerveau », selon la formule de *L'Unità*. Chez Pasolini, la télévision était en outre rendue responsable de la disparition d'une culture « nationale populaire » identifiée dans les dialectes et les traditions locales. C'était précisément ce qui lui permettait d'absoudre le football : en mettant l'accent sur la richesse du langage symbolique des *tifosi*, il entendait montrer comment le « peuple » récupérait la culture industrielle et médiatique du *calcio* et se l'appropriait. Pasolini recherchait dans ces formes culturelles les instruments d'une possible émancipation des classes subalternes ou, tout du moins, valorisait des formes culturelles autonomes à partir desquelles les *borgatari* parvenaient à donner sens à une existence sociale menacée de décomposition.

Dans l'univers de la gauche intellectuelle, le renversement de tendance concernant l'attitude à adopter vis-à-vis du football fut par conséquent l'œuvre de Pasolini. Néanmoins, celui-ci resta un cas isolé pour quelques années encore : à la fin des années 1950, les intellectuels n'investissaient que timidement le champ du *calcio* et il faudrait patienter jusqu'au milieu des années 1960 pour que les choses se précipitent.

En attendant, Pasolini publia en 1959 un deuxième roman où le football se taillait la part du lion, *Una vita violenta*. Le canevas était identique à celui de *Ragazzi di vita*, même si des différences pouvaient être notées. Le héros, qui s'exprimait toujours en dialecte, n'était ainsi plus désigné par son surnom mais avait désormais un nom et un prénom (Tommaso Puzzilli). En outre, alors que l'amour de Riccetto pour le football était désincarné, la passion de Tommaso s'était trouvé des objets d'identification : elle était tout entière tournée vers la Roma et son attaquant, Pandolfini, que Tommaso idolâtrait. On peut voir dans cette évolution la traduction des progrès inexorables dans le processus de massification du *tifo*, dont Pasolini était un observateur attentif. De ce point de vue, l'article de *L'Unità* de 1957 constitua une étape intermédiaire entre les deux romans.

Par la suite, si Pasolini écrit bien d'autres textes sur le football, il n'évoquerait plus spécifiquement les *tifosi*, si ce n'est un *tifoso* particulier, lui-même. Dans un article publié en 1969 dans *Tempo*, il se souvint en effet de son adolescence et des après-midi passés à soutenir le Bologna :

> « *Sans aucun doute* les plus beaux de ma vie. J'ai presque la gorge serrée quand j'y pense. Le Bologna était alors le Bologna le plus puissant de son histoire : celui de Biavati et Sansone, de Reguzzoni et Andreolo (le roi du terrain), de Marchesi, de Fedullo et Pagotto. De ma vie je n'ai jamais rien vu de plus beau que les passes entre Biavati et Sansone [...] Quels dimanches au stade communal ! Mais, et c'est étrange de se le dire, tout a changé pendant ces trente dernières années. Je me souviens de ce temps-là comme s'il était mort ; tout a changé, mais les dimanches dans les stades sont demeurés identiques. Je me demande pourquoi. »

En réalité, tout avait changé aussi dans les stades, que ce soit le public, plus populaire, ou les formes d'organisation et d'expression du *tifo*, sous l'impulsion des supporters les plus radicaux, les *ultras*. On était bien là en présence de l'invention d'une tradition, qui accompagnait la modernisation économique de la décennie 1960, et d'un lieu de consensus qui transfigurait la souffrance liée aux changements sociaux dont il était l'un des produits.

Chapitre 8

Le Roi du football est noir

De toutes les Coupes du monde, celle organisée au Mexique en 1970 demeure indubitablement la plus belle. Longtemps restée gravée dans la mémoire rétinienne de centaines de millions de personnes à travers le monde, la compétition fut en effet retransmise pour la première fois en mondovision et en couleur, ce qui permit en outre d'en entretenir le souvenir par la rediffusion régulière d'images devenues ainsi emblématiques d'une orgie de football offensif et de l'apothéose du « Roi du football », Edson Arantes do Nascimento, dit Pelé. Que la *Seleção* brésilienne ait pu y faire la démonstration éclatante de sa maîtrise du jeu d'attaque était dû au fait que la plupart des matchs importants se jouèrent à Mexico, à plus de 2 000 mètres d'altitude et sous une chaleur écrasante. Impossible dans ces conditions d'adopter une tactique défensive ou du moins de parvenir à l'appliquer durant toute une rencontre. L'Italie en fit l'amère expérience en finale où elle fut balayée 4-1 par le Brésil sans que la qualité de ses défenseurs fût pour autant remise en cause. Bien au contraire, Pelé lui-même tint à rendre hommage à Tarcisio Burgnich, à qui avait été confiée la difficile tâche de le marquer à la culotte pendant la rencontre : il salua la capacité de ce dernier à faire des fautes sur lui sans être vu ou sanctionné par l'arbitre, qui aurait confiné ce jour-là au « chef-d'œuvre ». L'évaluation de la performance de la *Squadra azzurra* dans le tournoi ne peut toutefois pas se limiter à cette finale perdue : elle aussi avait attaqué, et plutôt bien, dans les tours précédents, notamment au cours de la demi-finale contre la RFA remportée 4-3 et considérée comme le « match du siècle » – c'est déjà le second, après l'Angleterre-Hongrie de 1953, mais on a affaire là rien moins qu'à une décision officielle de la FIFA, comme en témoigne la plaque apposée à l'entrée principale de l'Estadio Azteca en 1997.

Inutile de dire que les Italiens attendaient bien autre chose que cette défaite contre le Brésil et que leur déception fut immense, à la mesure des espoirs qu'avait fait naître la victoire face à l'Allemagne. Tout compte fait néanmoins, la sélection italienne s'était plutôt bien comportée au Mexique, accédant à sa troisième finale de Coupe du monde après celles de Rome et de Colombes en 1934 et 1938. Quelle ne fut donc pas la surprise des joueurs et de l'encadrement technique à leur retour dans la péninsule : la tour de contrôle de Fiumicino prévint l'avion qui transportait les *Azzurri* qu'une foule menaçante s'était massée à l'aéroport et qu'elle ne cessait de grossir. Les autorités décidèrent qu'après avoir atterri, l'appareil resterait en bout de piste d'où des bus conduiraient directement les passagers à leur hôtel romain, leur épargnant un passage potentiellement périlleux par l'aérogare. Ces précautions ne s'avérèrent pas inutiles : à peine l'avion posé, les manifestants réussirent à envahir la piste, courant à toute vitesse vers la délégation italienne qui s'engouffra dans les bus mis à sa disposition et échappa de justesse aux premiers contestataires arrivés hors d'haleine – sauf la fille du responsable fédéral de l'équipe qui prit un coup de poing dans la figure. Pendant les longues minutes que mirent les bus, protégés par des motards de la police, à s'extraire de la masse des mécontents, Walter Mandelli, le père de la malheureuse infortunée, eut le temps de voir brûler des mannequins à son effigie et de lire les nombreuses pancartes réclamant qu'il soit mis en prison. « Tant de rancune, tant de haine, et tout ça parce que, après tant d'années, nous n'avions pour une fois pas démérité », fit-il ensuite remarquer, s'étonnant également du nombre de drapeaux rouges parmi les contestataires : de toute évidence, de jeunes communistes et des étudiants gauchistes avaient fait le déplacement à Fiumicino et portaient un jugement politique sur l'issue décevante de la finale. Quelques jours auparavant, au dernier coup de sifflet du match contre l'Allemagne, les mêmes s'étaient fondus dans les gigantesques manifestations de joie qui avaient réuni dans les rues et sur toutes les places de la péninsule des dizaines de millions d'Italiens dans ce grand moment de délire collectif passé dans la mémoire nationale sous le nom de « *Notte messicana* » (la « Nuit mexicaine »). Ce passage brutal d'une joie démesurée à une tristesse pleine d'amertume, d'un enthousiasme débordant à une colère explosive constituait en réalité l'aboutissement de plusieurs processus à l'œuvre en Italie depuis une quarantaine d'années.

Le premier avait trait à l'expansion de la culture du football qui avait enfin trouvé l'occasion de s'exprimer pour l'équipe nationale. Comme l'observait Pasolini au tournant des années 1960, ce furent d'abord les *squadroni*, les grandes équipes professionnelles, qui avaient commencé à drainer des *tifosi*. Grâce aux lourds investissements financiers des industriels qui en étaient propriétaires, et par conséquent en raison de leurs succès sportifs, elles avaient été en mesure de symboliser une nouvelle Italie, riche, moderne et compétitive sur la scène internationale : de 1946 à 1949 les exploits du « *Grande Torino* » avaient contribué à réinstaller le pays dans le camp des vainqueurs, ou du moins à faire oublier qu'il avait été dans celui des vaincus, tandis que le Milan AC et l'Inter de Milan, qui achetaient les meilleurs joueurs depuis les années 1950, figuraient au palmarès des grandes compétitions européennes dans la première moitié des années 1960. Dans l'Italie du « miracle économique », marquée on l'a vu par l'exode rural et d'importantes migrations intérieures, le football faisait figure de rituel de transition : les paysans qui arrivaient en ville pour travailler en tant qu'ouvriers spécialisés dans des usines taylorisées voyaient dans le *tifo* le symbole de la modernité ; supporter une équipe de la série A devint ainsi une pratique distinctive de leur nouveau mode de vie urbain et salarié, au même titre que l'achat d'une Vespa, d'une voiture puis d'un téléviseur. Ce phénomène était à la fois massif et banal, ce qui concourait à le rendre invisible. C'était seulement à l'occasion de victoires importantes que la structure rituelle se donnait à lire lorsque, à l'orée des années 1960, des groupes de *tifosi* commencèrent à envahir l'espace urbain en laissant libre cours à leur joie.

Rien n'indiquait toutefois que ce désir de *tifo* se projetât également sur la *Nazionale*. Il faut reconnaître que les Italiens n'étaient alors pas gâtés : depuis la Coupe du monde organisée au Brésil en 1950, où la *Squadra azzurra* s'était présentée fortement diminuée – les deux tiers des titulaires habituels avaient péri dans l'accident d'avion qui avait anéanti l'équipe du Torino le 4 mai 1949 –, les performances étaient souvent médiocres, au mieux passables. Les résultats de l'équipe nationale italienne ne laissaient néanmoins personne indifférent, ce que révéla non une victoire mais une défaite, contre la Corée du Nord en huitième de finale de la Coupe du monde anglaise (1-0) en 1966. L'événement provoqua une vive émotion, au point que dans le langage courant l'interjection « *Corea !* » devint rapidement synonyme de désastre inattendu, de malchance, voire de catastrophe. Les hommes politiques transalpins relayèrent ce sentiment de stupeur à la Chambre des députés. Agostino Greggi, représentant démocrate-chrétien de Rome, interpella ainsi en séance Giulio Andreotti, le ministre en charge des affaires sportives, pour savoir quelles « mesures sérieuses » le gouvernement avait l'intention de prendre « afin que l'équipe nationale et tout le football italien ne soient plus humiliés à l'occasion des championnats du monde de football ». À l'issue des débats parlementaires, Andreotti édicta son « veto », c'est-à-dire l'interdiction pour les clubs de recruter des joueurs étrangers, dont le nombre trop important était supposé empêcher les joueurs italiens d'évoluer au meilleur niveau, ce qui finissait par affaiblir la sélection nationale. La valeur de la *Squadra* devenait donc une affaire d'État, puisque, à travers elle, c'était la vigueur de la nation elle-même qui était engagée. Après la défaite de 1966, la conquête du titre de champion d'Europe en 1968 puis le succès de Mexico sur la RFA firent définitivement de la *Nazionale* une institution susceptible d'incarner un destin commun. Dans la nuit du 17 au 18 juin 1970, entre minuit et 2 h 30 du matin, la petite Italie, bouleversée par de profondes mutations destinées à lui faire rattraper son retard sur les pays industrialisés du Nord, s'était révélée capable de battre la grande Allemagne. À l'issue de la rencontre, aux journalistes venus lui parler dans les couloirs du stade, l'attaquant Angelo Domenghini déclara fièrement : « *Questa sera, i tedeschi eravamo noi* » (« Ce soir, les Allemands, c'étaient nous »).

Parallèlement à l'affirmation du rôle central de la *Squadra azzurra* dans la définition d'un sentiment d'appartenance nationale, un style de jeu spécifique s'était petit à petit élaboré, censé correspondre aux particularités de la société italienne. Son émergence remontait aux années 1930, lorsque la sélection nationale avait dû se mesurer aux armadas offensives d'Europe centrale dans le cadre de la Coupe internationale. Face au Système, Vittorio Pozzo, l'entraîneur de la *Nazionale*, avait progressivement mis au point ce qu'il appelait la « Méthode », destinée à contrecarrer le jeu adverse. Pensé comme une arme de dissuasion du faible au fort, ce dispositif tactique consistait tout simplement à augmenter le nombre des défenseurs en faisant reculer un milieu de terrain chargé de récupérer la balle dans les pieds du meneur de jeu adverse. Pendant les Coupes du monde victorieuses de 1934 et de 1938, ce poste avait été occupé respectivement par l'Argentin Luis Monti – il avait joué la finale mondiale de 1930 sous les couleurs de l'*Albiceleste* – puis par l'Uruguayen Miguel Andreolo – les deux étaient considérés par le régime fasciste comme des « rapatriés » (« *rimpatriati* ») du fait de leurs origines italiennes. La Méthode avait permis de mettre en échec le jeu flamboyant de la *Wunderteam*, une première fois en 1931 à Milan, et surtout le 25 mars 1935 au Prater de Vienne (2-0), au cours d'une rencontre qui fut saluée par la presse transalpine comme « le plus lumineux succès » de cette génération. Dans les trois décennies suivantes, ce schéma de jeu fut perfectionné par Nereo Rocco à la Triestina puis au Milan A.C. ou par Helenio Herrera à l'Inter de Milan, avec la création du *libero*, un ultime défenseur qui était « libre », c'est-à-dire dispensé, de tout marquage individuel et dont la fonction était de corriger les éventuelles erreurs de ses coéquipiers. Se mit ainsi en place un système de représentation collective valorisant la rigueur défensive et jouissant d'un fort consensus au sein de la société tout entière. Dans l'après-guerre, ce courant d'idées se nourrissait des réflexions du célèbre écrivain et journaliste sportif Gianni Brera qui théorisait l'adéquation d'un jeu défensif avec la nature de la « race italique ». Selon lui, les Italiens – petits, râblés mais travailleurs et obstinés – ne pouvaient rivaliser à armes égales avec les peuples du Nord, plus grands, mieux nourris et plus athlétiques. L'adoption d'une tactique privilégiant la défense et la contre-attaque – le *catenaccio* et le *contropiede* – aurait témoigné des capacités d'adaptation des Italiens à l'adversité, de leur ruse et de leur sens de la débrouillardise. En 1966, le principal reproche adressé au sélectionneur national, Edmondo Fabbri, après la défaite contre la Corée du Nord, était justement d'avoir abandonné cet état d'esprit et d'avoir souhaité mettre en place un jeu trop ambitieux, en somme d'avoir oublié les traits caractéristiques d'une nation qui demeurait, quoi qu'elle en veuille, « prolétaire », selon la formule de Brera. L'angle d'attaque choisi par le député Greggi dans son intervention à la Chambre se concentrait ainsi sur les « choix risibles » de Fabbri, dénoncé comme « incapable » et « inutile ». Le successeur de ce dernier, Ferruccio Valcareggi, avait bien retenu la leçon : la victoire au championnat d'Europe des nations de 1968, organisé en Italie, sembla donner raison à Brera, tant elle constitua un apogée du *catenaccio.* Les atouts offensifs de l'URSS et de la Yougoslavie furent méthodiquement annihilés en demi-finale puis en finale ; mais à quel prix : dans le premier cas, qualification par tirage au sort après deux matchs nuls et vierges (0-0) consécutifs – jusqu'en 1970, année d'introduction des tirs au but lors d'un match à élimination directe, une rencontre était rejouée quand elle se finissait sur un score de parité après prolongation ; en finale, égalisation italienne miraculeuse en toute fin du temps réglementaire du premier match, but chanceux lors du second affrontement. Valcareggi conserva cette attitude prudente pour la Coupe du monde mexicaine, où la *Squadra azzurra* ne jouait qu'avec un seul meneur de jeu, alors que deux numéros 10 de talent étaient à disposition : Sandro Mazzola de l'Inter de Milan et le ballon d'or 1969, Gianni Rivera du Milan A.C. Le premier commençait les matchs, le second assurant le relais (la « *staffetta* ») au retour des vestiaires ou à l'heure de jeu. Lors des prolongations de la demi-finale (la RFA avait égalisé 1-1 à la dernière minute du temps réglementaire), l'équipe italienne, qui s'était même retrouvée menée au bout de huit minutes, avait été forcée de se jeter à l'assaut ; la fatigue aidant, les cadres rigides du schéma de jeu initial explosèrent et s'ensuivit une série d'égalisations et de rebondissements jusqu'au but vainqueur de Rivera. Gianni Brera émit un jugement très sévère : la fin du match avait été « confuse » et d'un très « faible niveau ». Fort logiquement, le sélectionneur national choisit une tactique très défensive pour la finale, ce qui pouvait se justifier étant donné la puissance offensive du Brésil ; mais plus fondamentalement ce choix s'inscrivait dans une tradition glorieuse, celle qui avait par exemple permis au Bologna de « faire trembler le monde » dans les années 1930 ou plus récemment à l'Inter de terrasser le grand Real Madrid.

De manière surprenante, l'adoption de cette stratégie attentiste suscita une vague de réprobation dont la manifestation de Fiumicino constitua l'acmé. Cette dernière illustrait comment un troisième processus, à l'œuvre depuis le début des années 1960, arrivait alors à maturité, comme la génération qui le portait : celui de la politisation de la culture de masse du football en Italie. On en trouvait des traces dans les nouvelles formes de supportérisme qui commençaient alors à se structurer autour des groupes d'*ultras*, mais aussi plus généralement dans le développement d'un courant d'opinion hostile au *catenaccio*, alimenté par des intellectuels de gauche. L'un des plus influents était le journaliste socialiste Antonio Ghirelli, devenu à partir de 1962 directeur du *Corriere dello Sport*, le grand quotidien sportif romain. À la tête de ce titre de presse, il avait défini une ligne éditoriale en rupture totale avec les thèmes ressassés par Brera et ses comparses dans les colonnes milanaises de la *Gazzetta dello Sport*. Dans la lignée du Pasolini explorant les tribunes de l'Olimpico,

Ghirelli entendait susciter une réappropriation populaire d'un football confisqué par les puissances d'argent. La promotion d'un football offensif participait de cette tentative, puisque, selon Ghirelli, « on jouait pour le zéro à zéro, comme on votait pour la Démocratie chrétienne, pour une société faite d'immobilisme, de parasitisme et de conservation tenace des privilèges ». Une telle grille de lecture trouvait un écho de plus en plus vaste, notamment parmi la jeunesse du baby-boom qui arrivait à l'âge adulte dans ces années-là. En témoigne l'opuscule publié par un ancien étudiant milanais, Nando Dalla Chiesa (le fils du général des carabiniers qui serait assassiné par la mafia à Palerme en 1982), consacré à ses souvenirs de la Coupe du monde 1970 et à la manière dont lui et ses camarades réagirent à la fin du tournoi. Selon lui, les étudiants engagés dans le mouvement social s'identifièrent avec les joueurs de l'équipe nationale au moment des prolongations de la demi-finale. Et c'était le jeu d'attaque pratiqué par la *Squadra azzurra* qui entraîna cette identification : pour sa génération, élevée sous la chape de plomb du *catenaccio*, l'Italie « avait alors fait sa révolution, elle était devenue autre ». L'étincelle était venue des joueurs eux-mêmes, qui avaient montré la voie « en montant à l'assaut du ciel ». Une fois abandonnée la défense à outrance, « la morale démocrate-chrétienne attentiste, hypocrite et roublarde sortait détruite, cette nuit-là, dans l'inconscient des spectateurs ». Un style de jeu offensif devenait ainsi la métaphore des luttes politiques en cours et à venir. La déception engendrée par la tactique prudente appliquée en finale (Rivera ne rentra en jeu qu'à six minutes de la fin de la rencontre) ne pouvait par conséquent que se transformer en hargne. Un ressentiment provoqué par la trahison et la fin brutale de l'illusion lyrique de ce « 4-3 où, soutient Dalla Chiesa, fusionnèrent jeunesse, amitiés, nouvelles espérances et la première, merveilleuse constatation que, dans la vie, si l'on est courageux, on peut même gagner ».

Ce témoignage est révélateur de la force de la culture de masse alors en train de se structurer autour du football, désormais assez puissante pour devenir le support de représentations dépassant le strict champ sportif et susceptibles d'être acceptées et relayées par une partie de la société. Le pauvre Rivera n'en pouvait mais, propulsé malgré lui héros de la gauche prolétarienne, lui qui, après avoir été formé dans un patronage paroissial, était resté un bon catholique – en 1987, il serait même élu député sur les listes de la Démocratie chrétienne. La figure de Pelé, la véritable vedette de la finale de 1970, était d'ailleurs soumise aux mêmes logiques contradictoires, selon que l'on se situe au Brésil ou ailleurs dans le monde. Sur le plan politique par exemple, la question de son positionnement se posait avec d'autant plus d'acuité que le régime militaire, au pouvoir à Brasília depuis le coup d'État de mars-avril 1964 contre le président réformiste João Goulart, était entré dans une phase de durcissement. La promulgation de l'Acte institutionnel n° 5 en décembre 1968 avait en effet brutalement accentué la répression et avait systématisé l'usage de la torture comme méthode de gouvernement. Or Pelé, qui se définissait jusque-là comme apolitique, n'y alla pas par quatre chemins. À la veille du début de la Coupe du monde, dans un entretien avec une journaliste mexicaine qui lui reprochait de servir de porte-drapeau non de son pays mais du gouvernement de son pays, il répondit à cette dernière : « Dictature ? Le Brésil est un pays libéral : c'est le pays du bonheur. Vous comprenez ? Vous me posez des questions sur une dictature et je ne peux pas parler de quelque chose qui n'existe pas. » On sait maintenant que Pelé était surveillé depuis 1965 par les services secrets brésiliens, qui craignaient qu'au cours de ses nombreux déplacements à l'étranger il ne s'aventure sur le terrain politique au détour d'une question malintentionnée, et sans doute le risque de représailles était-il réel. Il reste que jamais il n'émit la moindre critique contre la dictature, à la différence de ce que ferait plus tard Sócrates, le meneur de jeu de l'équipe des Corinthians, l'un des trois grands clubs de São Paulo, au début des années 1980, certes dans un contexte différent lorsqu'il était plus facile de le faire. Néanmoins, la gauche brésilienne a toujours reproché à Pelé son absence de prise de position.

À sa décharge, il faut également avoir à l'esprit que la culture du football était si forte en Amérique du Sud qu'elle subsumait les antagonismes politiques et était par conséquent difficilement récupérable par un camp ou un autre. Alors que les atteintes aux libertés publiques se multipliaient à la fin des années 1960, le parcours victorieux de la *Seleção* au Mexique semble avoir constitué, pour la majorité de la population brésilienne, une sorte de parenthèse enchantée qui permettait d'oublier des temps difficiles. On retrouverait le même phénomène lors de la Coupe du monde organisée dans l'Argentine du général Videla en 1978. Aussi surprenant que cela puisse paraître à notre regard étranger, ceux qui étaient torturés dans les sous-sols de l'École de mécanique de la marine, avenue Libertador à Buenos Aires, s'arrangeaient malgré tout pour suivre les matchs du tournoi, soit en écoutant les petits transistors que leur avaient laissés leurs tortionnaires, soit en se fiant aux clameurs de la ville, et se réjouissaient des succès de leur équipe nationale. Au-delà des tentatives bien réelles d'instrumentalisation par le pouvoir politique du prestige conféré par un titre mondial, que ce soit au Brésil en 1970 ou en Argentine en 1978, la sphère proprement footballistique conservait une part d'autonomie irréductible. C'était le cas avec l'entraîneur de l'*Albiceleste* championne du monde, César Luis Menotti, qui avait accédé à son poste en 1974, mais que la junte au pouvoir à partir de 1976 ne limogea pas bien qu'il ait explicitement pris parti contre le nouveau régime dictatorial. De même, le renvoi de João Saldanha en mars 1970, à peine deux mois avant la Coupe du monde, ne doit pas être interprété comme la conséquence logique de son militantisme de jeunesse au Parti communiste brésilien, le nouveau général-président Emílio Médici lui ayant préféré un Mário Zagallo moins engagé politiquement. En réalité, Saldanha fut démis de ses fonctions de sélectionneur national en raison de ses options tactiques, largement contestées au sein de la *Seleção*. Au mois d'octobre 1969, il avait entrepris un voyage d'étude en Europe afin d'y observer la concurrence et de savoir à quoi s'attendre au Mexique ; et il était revenu effrayé de ce qu'il y avait vu : un jeu restrictif où la priorité était donnée à la défense, avec des joueurs rugueux, voire violents, que ne punissaient pas des arbitres complaisants ou incompétents. Le Brésil ne pourrait donc attaquer à tout va, sous peine de se faire sanctionner sévèrement, et ne jouerait par conséquent qu'avec deux meneurs de jeu, Gérson et Pelé, à qui on demanderait de revenir défendre pour préserver l'équilibre de l'équipe. Face aux réticences de ce dernier, Saldanha n'hésita pas à le sermonner publiquement, laissant même entendre qu'il pourrait se passer de lui. La coupe était pleine, Saldanha fut débarqué et remplacé par un Zagallo qui misa tout sur l'offensive. Si la *Wunderteam* autrichienne avait joué avec un numéro 10 (Sindelar), puis la grande Hongrie avec deux (Puskás et Hidegkuti), le Brésil pour sa part en alignerait quatre : outre Pelé et Gérson étaient convoqués Rivellino, le meneur de jeu des Corinthians, et Tostão, celui de Cruzeiro, le club de Belo Horizonte. Zagallo ne redoutait pas le jeu dur des Européens dont il prévoyait qu'ils seraient balayés par le tourbillon de passes, de courses et de dribbles qui allait s'abattre sur eux, car il savait que la condition physique des joueurs brésiliens serait parfaite. Grâce aux liens privilégiés entretenus depuis 1902 par la diplomatie brésilienne avec les États-Unis – liens que le coup d'État de 1964 avait permis d'approfondir et de renforcer –, le gouvernement de Brasília avait obtenu que l'encadrement technique de la *Seleção* ait accès aux données du programme spatial de la NASA : pendant plusieurs mois, Pelé et consorts s'entraînèrent dans des caissons sous vide, stimulant ainsi leur production de globules rouges, ce qui devait leur permettre de ne pas ressentir les effets de l'altitude. Rien ne fut laissé au hasard : des cols en V des maillots qui furent délaissés pour des cols ronds évacuant mieux la sueur jusqu'à l'armada de nutritionnistes, psychologues et autres médecins qui s'affairèrent constamment autour de l'équipe. C'est grâce à cette préparation athlétique impeccable que le *futebol do arte* put s'imposer tout au long du tournoi. À la 18e minute de la finale, sur un centre bien haut de Rivellino, Burgnich resta estomaqué par la détente de Pelé qui catapulta la balle dans le but italien : sous ses yeux, Armstrong venait de s'envoler pour la Lune.

Enfin, que le meilleur joueur du monde soit noir ne semblait pas susciter de débats ni de commentaires particuliers, tant la figure de Pelé était consensuelle sur les deux rives de l'Atlantique. Au Brésil, son ascension au rang d'icône nationale s'était inscrite dans un courant de pensée qui avait émergé dans les années 1930, celui du lusotropicalisme. Son principal théoricien, l'essayiste Gilberto Freyre, avait mis en avant la capacité d'adaptation des Portugais qui, exempts de toute forme de racisme – mais le lusotropicalisme n'en était lui-même pas exempt, comme on va le voir –, se seraient mélangés avec les populations avec lesquelles ils étaient entrés en contact sous les tropiques. Une telle rupture dans la façon d'envisager la question raciale constituait la version brésilienne de l'effort général de redéfinition des identités nationales à l'œuvre en Amérique du Sud durant l'entre-deux-guerres. Elle était en cohérence avec la propagande nationaliste du président Getúlio Vargas, notamment pendant la période autoritaire de l'*Estado Novo* (1937-1945), qui se caractérisa entre autres par la valorisation symbolique d'une culture populaire et métissée. Aussi le jeune Edson Arantes do Nascimento tapa-t-il dans ses premiers ballons au bord du terrain du Vasco de Gama, où il accompagnait son père. Ce grand club de Rio de Janeiro avait en effet été le premier de la capitale brésilienne à accepter des joueurs noirs dans les années 1930 – le tout jeune Edson répétait alors les noms des joueurs de l'équipe, notamment du gardien de but, Bilé, qu'il n'arrivait pas à prononcer correctement (Pilé et non Bilé), d'où son surnom. Dans l'après-guerre, le lusotropicalisme, partagé par l'ensemble de la classe politique brésilienne, conservateurs compris, finit par désigner un esprit de convivialité ethnique et de cordialité sociale, grâce auquel l'homme blanc, le Noir et l'Indien disposaient des mêmes droits et avantages. Il déboucha sur la formulation d'une idéologie de la « démocratie raciale » destinée à dépasser, sur le plan des représentations, ou du moins à gommer les gigantesques inégalités sociales et raciales qui persistaient dans le dernier pays au monde à avoir aboli l'esclavage, en 1888, et encore sous la pression des Anglais. Dans ce contexte, l'émergence d'un jeune joueur de football noir talentueux lors de la Coupe du monde 1958 – Pelé inscrivit deux buts en finale à l'âge de 17 ans (victoire 5-2 contre la Suède) – n'était en rien subversive : bien au contraire elle était par avance cohérente avec un système général de justification de l'ordre social dont elle confirmait le bien-fondé. Et Pelé lui-même était ainsi conforté à ne jamais adopter une posture militante ou critique sur la question du racisme, en particulier au Brésil.

En Europe, l'apparition fulgurante du buteur brésilien fit rejouer le mécanisme déjà vu dans les années 1920 avec les titres olympiques de l'Uruguay, ce mélange de fascination pour l'exotisme de José Leandro Andrade (la « *Maravilla negra* ») et de reconnaissance de la modernité de la « Suisse de l'Amérique latine ». Un dispositif identique commença à s'enclencher lors de la Coupe du monde organisée en France en 1938, avec d'un côté la politique de modernisation de l'*Estado Novo* et de l'autre les buts de Leônidas da Silva, le « Diamant noir » – mais la *Seleção* fut éliminée par l'Italie en demi-finale et il fallut donc attendre 1958 pour que cet imaginaire soit réactivé. Cette fois-ci, le triplé de Pelé en demi-finale contre la France (5-2) était emblématique du projet de développement volontariste du président Juscelino Kubitschek résumé par le slogan « 50 ans de progrès en 5 ans » – celui-ci se traduisait par exemple par la construction accélérée d'une nouvelle capitale (Brasília) dessinée par les architectes d'avant-garde

Oscar Niemeyer et Lúcio Costa et qui serait inaugurée en 1960. Les exploits de Pelé précédaient par ailleurs de quelques mois la sortie du film de Marcel Camus, *Orfeu Negro*, qui recevrait la palme d'or à Cannes en 1959, avec comme bande sonore une musique qu'on appellerait bientôt la bossa-nova et comme acteur principal Breno Mello, l'attaquant noir de Fluminense, un autre grand club de Rio. En somme, la scène était prête et ce fut à l'issue du Tournoi de Paris de 1960, où Santos, la formation de Pelé, triompha en finale du Racing, que l'hebdomadaire *Paris Match* gratifia l'attaquant vedette du titre de Roi du football. Au cours de la décennie 1960, sa popularité ne sembla pas connaître de limites ni de frontières, entretenue qu'elle était par les tournées incessantes de Santos sur tous les continents, comme l'a observé l'historien Clément Astruc. Première star réellement mondiale de son sport, Pelé se retrouvait au centre de l'attention, tous projetant sur lui leurs désirs, leurs fantasmes ou leurs combats. Et peu importait ce qu'il pouvait bien en penser, comme l'exemple de Rivera le démontrait parallèlement. Ainsi au Sénégal, au lendemain de la victoire de Mexico, le poète El Hadji Madické Wade tint-il à saluer l'épopée de celui qui avait pourtant déclaré préférer Kennedy à Angela Davis ou Mohammed Ali :

> NASCIMENTO, tu as prouvé, par ton football,
> qu'il n'y avait pas de race supérieure à la race

NOIRE, qu'il n'y a même pas de races supérieures et inférieures.
En tout cas, te voilà ROI du monde et tu es NÈGRE. [...]
Tu te dresses, altier et surtout conscient d'être un symbole de la race NOIRE.
C'est pourquoi tous les NÈGRES te saluent !

Chapitre 9

Frères ennemis

En fin d'après-midi, ce lundi 3 janvier 1972, on pouvait légitimement pousser un soupir de soulagement au commissariat de police de Glasgow : le match de championnat entre les clubs du Celtic et des Rangers, deux des plus importants d'Écosse, s'était déroulé sans incident notable. Depuis quelques années, les supporters des deux formations faisaient l'objet d'une surveillance particulière car tous en ville savaient que l'IRA (l'Irish Republican Army) recrutait dans les travées du stade de Parkhead, au cœur des quartiers catholiques, tandis que l'UDA (l'Ulster Defense Association) faisait de même dans les pubs autour d'Ibrox Park, sur l'autre rive de la Clyde sept kilomètres plus à l'ouest. Les autorités étaient particulièrement sur les dents, car la situation était en train de dégénérer en Irlande du Nord : le même jour une bombe avait explosé dans un quartier loyaliste de Belfast, faisant une cinquantaine de blessés ; moins d'un mois plus tard, le 1er bataillon du régiment de parachutistes ouvrirait le feu sur un cortège catholique à Derry, tuant quatorze personnes, dans ce qui serait connu dans le monde entier comme le *Bloody Sunday* (le « Dimanche sanglant »), le second après celui de novembre 1920. En réalité, la rivalité entre protestants et catholiques dans le cadre de ce que la presse britannique appelle le *Old Firm* – la (bonne) « vieille affaire » – ne s'était jamais véritablement exprimée autrement qu'à travers une violence verbale qui elle, pour le coup, marquait les esprits. Encore ce jour-là, la marée en vert et blanc, les couleurs du Celtic, s'en était donné à cœur joie, entre insultes bien senties aux adversaires et encouragements explicites à leurs joueurs – « *Get stuck intae them orange-massonic bastards* » par exemple (« Prenez-vous en à ces bâtards de (franc-)maçons orangistes »). Plusieurs fois avait retenti *The Boys of the Old Brigade*, une vieille complainte qui datait de la guerre d'indépendance irlandaise et débutait ainsi :

Oh Father why are you so sad on this bright Easter morn
When Irish men are proud and glad of the land they were born
Oh son I see in memories view a far off distant day
When being just a lad like you I joined the IRA

Oh père pourquoi es-tu si triste en ce beau matin de Pâques
Alors que les Irlandais sont fiers et heureux sur la terre où ils sont nés
Oh fils je me rappelle un jour très lointain
Où je n'étais qu'un garçon comme toi et où j'ai rejoint l'IRA

Sur le terrain, le match fut extraordinaire pour tous ceux qui avaient à cœur la cause du trèfle : à la dernière seconde des arrêts de jeu, l'arrière gauche Jimmy Rogan marqua le but de la victoire, permettant au Celtic d'accentuer son avance en tête du classement et surtout d'égaler le nombre de succès d'affilée sur les Rangers (quatre en l'occurrence), exploit inégalé depuis 1912. L'opposition entre Rangers et Celtic remontait en effet à loin, à la fondation du second en 1888, ce qui en fait encore aujourd'hui le plus vieux derby du monde mais aussi, dit-on, le plus passionné. Toujours disputé dans une ambiance que des visiteurs occasionnels se refusent invariablement à essayer de décrire, tant l'atmosphère y est, justement, indescriptible, il n'a somme toute pas été trop affecté par l'interdiction des provocations les plus outrancières. Depuis 2003, un joueur du Celtic ne peut dorénavant plus faire le signe de croix en pénétrant sur la pelouse (surtout s'il joue en terres presbytériennes, à Ibrox Park) ; de même un Rangers ne peut désormais plus faire semblant avec ses mains de souffler dans une flûte, même furtivement – grande spécialité de l'Anglais Paul Gascoigne dans les années 1990 : tout le monde comprenait sur l'instant l'allusion aux fanfares musicales des processions maçonniques commémorant chaque année, le 12 juillet, la bataille de la Boyle, où Guillaume d'Orange avait vaincu les armées catholiques de Jacques Stuart en 1690. Depuis les années 1920, un des chants préférés d'Ibrox Park était d'ailleurs *The Billy Boys* (les « gars de Billy », diminutif affectueux de William, version anglo-saxonne de Guillaume) – la chanson fut également bannie, en raison d'un de ses couplets, pas particulièrement tolérant il est vrai :

We belong to Glasgow we're Orange and we're true
Scotland is our countree our colours white and blue
We're Protestant and proud of it
We're are the Billy Boys you'll know us by our noise
Up tae yer knees in Fenian blood – Surrender or you'll die

Nous appartenons à Glasgow, nous sommes des orangistes, des vrais
L'Écosse est not' pays, nos couleurs sont le bleu et le blanc
Nous sommes des protestants et nous en sommes fiers
Nous sommes les gars de Billy, vous nous reconnaîtrez à notre bruit
Du sang de catho on en a jusqu'aux g'noux – rendez-vous ou vous mourrez

La censure de 2003 témoigne en creux de la puissance de la culture du football dans la société britannique : on lui attribua la capacité à entretenir et maintenir vivace une animosité qui n'avait plus lieu d'être, puisque les accords du Vendredi saint de 1998 avaient mis fin aux troubles en Irlande du Nord. En somme, une rivalité footballistique aurait pu survivre à un affrontement plus général qui lui avait donné naissance ou qui du moins avait fourni le cadre dans lequel s'inscrivait originellement cet antagonisme sportif ; avec le risque de perpétuer le conflit religieux et politique alors que les feux de la discorde étaient désormais éteints. Cela nous invite à nous pencher sur cet élément fondamental du monde du football, le derby – l'opposition entre deux clubs d'une même ville – et à essayer de comprendre comment il fonctionne et pourquoi il suscite tant de ferveur, afin de saisir le caractère exceptionnel de celui de Glasgow.

À l'extrême fin du XIXe siècle, le choix du terme de derby par la presse anglaise pour désigner ce type de rencontre était en soi révélateur. Le mot évoquait en effet deux phénomènes dont les traits caractéristiques illustraient les dynamiques qui se mettaient alors en place. Le premier était le jeu rituel organisé chaque année depuis le XIIe siècle pendant deux jours, le Mardi gras et le mercredi des Cendres, à Ashbourne dans le comté de Derby (le Derbyshire). Le principe en était que toute la population était répartie en deux équipes qui s'affrontaient sur tout le territoire de la ville, à l'exception des cimetières paroissiaux, dans ce qui ressemblait à la soule normande : réussir par tous les moyens à porter une grosse balle dans une zone précise identifiée comme la zone protégée de l'adversaire. Cette partie de Royal Shrovetide Football donnait une des clés du derby footballistique contemporain, à savoir que toute la communauté urbaine était concernée par l'opposition qui devait avoir lieu. On en retrouva la trace dans la déclinaison italienne de l'expression : la *stracittadina*, ce qui parcourt et divise la ville entière. La seconde origine de l'expression renvoyait quant à elle à l'événement sportif le plus populaire d'Angleterre au XIXe siècle, celui dont tout le monde parlait et que la reine Victoria honorait de sa présence, la course de chevaux d'Epsom Downs, créée en 1780 par lord Derby, douzième du nom. Le parallélisme avec le derby d'Epsom indiquait que l'industrie du spectacle sportif en train de se structurer autour du football privilégiait ces matchs entre clubs voisins parce qu'ils étaient les plus à même de faire des profits financiers. À une époque où les déplacements lointains étaient rares dans les milieux populaires, faire du derby le clou de la saison était l'assurance de remplir les stades respectifs des deux équipes concernées plusieurs fois par an. Ainsi à Glasgow, dès 1893, la création du premier championnat professionnel écossais garantissait deux rencontres annuelles, auxquelles s'ajoutaient souvent, puisque c'étaient les deux meilleures équipes du pays, celles de la Coupe d'Écosse et de la Coupe de la ligue écossaise, en plus du traditionnel match de charité. Là comme ailleurs, le système sportif était structurellement porté à élaborer des identités antagonistes, quelles qu'elles soient, présentées comme en lutte perpétuelle et exploitées jusqu'à plus soif pour stimuler l'intérêt du plus grand nombre. C'est pourquoi, dès le début du XXe siècle, ce mécanisme était ironiquement désigné en Écosse comme le *Old Firm* : en cherchant en permanence à marquer et même parfois à renforcer les différences religieuses entre les deux clubs, les dirigeants du Celtic et des Rangers s'assuraient que la poule aux œufs d'or qu'ils s'étaient trouvée continue bien à pondre. Toutefois, Glasgow constituait un cas particulier ; en général c'était d'abord le facteur de proximité géographique qui fournissait la matière aux récits destinés à mettre en scène les oppositions. À Londres par exemple, les derbys mirent aux prises les clubs de quartiers contigus, à l'est (West Ham et Millwall) comme à l'ouest (Chelsea et Fulham) ou encore au nord (Arsenal et Tottenham) de l'agglomération. Dans les années 1920, une logique identique s'affirma à Buenos Aires, qui avec ses quarante clubs s'imposait comme la capitale mondiale du football : ici, moins de 500 mètres séparaient les stades d'Independiente et du Racing ou bien ceux de San Lorenzo de Almagro – le club préféré du pape François – et de Hurracan. Puis, dans la décennie 1930, ce fut au tour de Rio de Janeiro de se passionner pour des derbys croisés entre les quatre clubs/quartiers de Flamengo, Fluminense, Botafogo et Vasco de Gama.

Les clubs appelés à se faire concurrence n'étaient pas fondés pour des motifs particuliers autres que le désir des nouveaux dirigeants de s'investir dans ce domaine à la fois ludique et commercial. En 1892 à Liverpool, lorsque John Houlding quitta le *board* d'Everton pour créer une nouvelle formation dont le stade serait construit sur la route d'Anfield, les raisons invoquées tenaient à un différend sur le montant des bénéfices à partager entre les membres de la direction. Et ces derniers étaient issus du même milieu social, celui des brasseurs, des tenanciers de pubs et des professions libérales. À Milan, la scission de 1908 au sein de l'association qui proposait le jeu aux élites libérales de la capitale lombarde – le Milan

Athletic and Cricket Club, devenu le Milan Associazione Calcio – s'expliquait par des divergences sur la nature des compromis à passer pour légitimer leur pratique en cherchant à en faire oublier les origines anglaises. Alors que le terme de football avait déjà été traduit par celui de *calcio* – en référence au *calcio storico fiorentino*, ce qui entretenait la fiction d'une antériorité historique autochtone –, certains voulurent aller plus loin et interdire le club aux étrangers ; en réaction, ceux qui restaient attachés au caractère cosmopolite du sport préférèrent s'en aller et se regroupèrent dans une nouvelle équipe dont le nom indiquait les motivations de leur départ : l'*Internazionale*.

Enfin, tout au long du siècle, la croissance du nombre de clubs suivit le rythme des migrations qui nourrissaient l'industrialisation et l'urbanisation des sociétés, le football fournissant souvent le rituel adapté à un nouveau mode de vie. Les exemples sont légion : des premiers immigrés italiens en Amérique du Sud au tournant du XXe siècle fondant à Buenos Aires le club de Boca Juniors, dans le quartier des docks, ou à São Paulo celui de Palestra Itália – qui changerait ensuite de nom pour devenir Palmeiras – jusqu'aux masses rurales débarquant dans les grandes métropoles du tiers-monde dans les années 1950 et 1960, et donnant un caractère de masse aux derbys existants, que ce soit à Istanbul entre Galatasaray, Fenerbahçe et Besiktas ou bien à Téhéran entre Esteghlâl et Persépolis. Dans l'Italie du miracle économique, les paysans qui s'installaient dans les banlieues de Turin, Milan ou Rome renâclèrent de plus en plus à s'identifier à l'équipe incarnant le centre-ville et les hiérarchies établies jusque dans leur nom, identique à celui de la cité – le Torino, le Milan et la Roma –, préférant généralement supporter la formation dont l'appellation traduisait une plus grande ouverture, par l'absence de référence toponymique directe ou par la désignation d'une aire géographique plus vaste : respectivement la Juventus (la jeunesse en latin), l'Inter(nazionale) et la Lazio (le Latium). Nos deux clubs de Glasgow n'avaient pas dérogé à cette règle de fer de la culture footballistique, celle d'être le produit des migrations : le Celtic avait été fondé en 1888 par des frères maristes et les fils de la première génération d'immigrés irlandais qui avaient fui la grande famine de 1846-1851 ; de même les Rangers avaient vu les rangs de leurs supporters s'étoffer dans la décennie 1910, lorsque des protestants d'Irlande affluèrent à Glasgow pour échapper à la guerre civile qui déboucha sur l'indépendance des trois comtés du sud de l'île en 1922 mais aussi à la crise économique de l'après-Première Guerre mondiale. Ce fut seulement à ce moment-là que les Rangers devinrent le porte-étendard du loyalisme à la Couronne britannique : ce qui était en train de devenir une question nord-irlandaise, dans le comté de l'Ulster, se retrouvait exporté ou importé, selon les points de vue, à Glasgow. Face aux catholiques irlandais ou d'origine irlandaise du Celtic, les Rangers ne portaient ainsi pas les couleurs de l'Écosse mais au contraire affichaient fièrement l'Union Jack, donnant une vigueur particulière à la cause unioniste hors de son foyer originel.

L'ardeur entourant le derby de Glasgow a sans aucun doute tiré sa force de l'emboîtement et de la superposition de différentes identités, à la fois religieuses, politiques et sociales, qui se sont renforcées mutuellement au fil des années. La dimension religieuse s'est d'abord affirmée avec le Celtic, étroitement lié à l'Église catholique d'Écosse, sur le modèle des Hibernians fondés à Édimbourg en 1875 : tous les immigrés ou fils d'immigrés irlandais reconnaissaient les prérogatives de l'Église catholique dans l'encadrement des activités de leur communauté. À sa fondation, le club fut ainsi placé sous le patronage de l'archevêque de Glasgow – ce qui est encore le cas – et les membres du clergé y ont toujours bénéficié d'une entrée gratuite. Autre exemple, en 1893, après une triple victoire en coupe d'Écosse, coupe de Glasgow et Charity Cup, un télégramme fut envoyé au Saint-Siège, pour informer le pape Léon XIII de la bonne nouvelle. Face à cette organisation très catholique se dressaient les Rangers, fondés en 1872, presbytériens comme la quasi-majorité des Écossais, et qui ne revendiquèrent leur confession chrétienne que lorsque celle de leurs meilleurs adversaires sur les terrains finit par refléter des problèmes politiques aigus. Parmi les parrains du Celtic en 1888 figurait en effet Michael Davitt, le fondateur de l'Irish National Land League, qui militait pour que l'Irlande obtienne un gouvernement autonome (le *Home Rule*). La méthode de combat préconisée était le boycottage des fermiers car ceux-ci s'opposaient à une réforme agraire qui aurait permis aux journaliers irlandais de devenir propriétaires, l'enrichissement économique constituant le pendant de l'émancipation politique. Sur le plan culturel, la logique de boycottage aboutit à la fixation en 1885 des règles du football gaélique, un mélange de toutes celles qui avaient existé jusque dans les années 1870 mais que l'affermissement définitif de celles du football et du rugby au tournant des années 1880 rendait identifiables comme spécifiquement irlandaises. Les vrais Irlandais ne devaient bien sûr jouer qu'à leur sport national, toute autre forme de football étant interdite sur les terrains réservés à leur version gaélique, comme dans l'immense stade de Croke Park à Dublin – c'est dans cette enceinte qu'eut lieu le premier *Bloody Sunday*, le 21 novembre 1920, quand l'armée britannique avait ouvert le feu sur les spectateurs. Toutefois, les élites nationalistes irlandaises faisaient preuve de pragmatisme en dehors de leur île : lorsque Davitt inaugura le stade du Celtic en 1892, c'était pour y voir jouer ceux qui porteraient haut les couleurs nationales et deviendraient les ambassadeurs de la cause du *Home Rule*. Ces revendications politiques ne commencèrent à entraîner des réactions de la part des Rangers qu'à partir de 1912, lorsque les Communes votèrent l'autonomie de l'Irlande, que la Chambre des lords pouvait cependant suspendre pendant une durée de deux ans en exerçant son droit de veto. Alors que des milices protestantes s'armaient à Dublin et à Belfast, les premiers « *Fuck the Pope* » retentissaient dans les travées d'Ibrox Park, religion et politique étant logiquement associés dans la défense de l'intégrité du Royaume-Uni.

Enfin, une troisième dimension, sociale celle-là, se surajouta après la Première Guerre mondiale lorsque la crise économique, due à la reconversion de l'économie de guerre, entraîna des tensions sur le marché du travail. Dans le contexte de la guerre civile en Irlande, les premiers à être licenciés furent bien évidemment les ouvriers irlandais ou d'origine irlandaise accusés de voler le travail des Écossais. Les Irlandais furent également victimes de politiques discriminatoires à l'embauche, notamment dans les chantiers navals de Glasgow, principal employeur de la ville. Or, au même moment, les Rangers commençaient à se définir comme un club non pas presbytérien, ce qui aurait renvoyé à une identité écossaise, mais plus largement protestant, ce qui l'inscrivait dans une identité britannique menacée par le séparatisme irlandais. Cela se traduisit par les premières mesures interdisant de recruter des catholiques au sein du club, prohibition qui valut d'abord pour le personnel administratif puis fut étendue aux joueurs eux-mêmes. En somme, l'ensemble des acteurs du spectacle offert par les deux clubs, du terrain aux tribunes, en venait à incarner une lutte à multiples facettes à l'occasion de chaque derby : celle des ouvriers spécialisés (OS) immigrés de fraîche date ou descendants d'immigrés irlandais, catholiques et solidaires de la mère patrie contre les ouvriers qualifiés écossais presbytériens ou les autres OS irlandais immigrés mais de confession protestante et résolument unioniste.

Un tel entrelacs de considérations religieuses, sociales et politiques reste exceptionnel dans l'industrie du spectacle footballistique. Ainsi, un seul autre derby dans le monde repose sur une altérité religieuse, celui de Calcutta entre le Mohun Bagan hindouiste et l'East Bengal musulman, opposition qui ne prit toutefois de l'ampleur qu'après l'indépendance et la partition de l'Inde. La différenciation sur des critères sociaux est quant à elle plus fréquente ; qu'un club soit situé dans un quartier plus populaire que son meilleur adversaire permet en effet de développer un discours classiste. De l'antagonisme entre le São Paulo FC, dont le stade de Pacaembu est situé près du quartier chic d'Hygiénopolis, et les Corinthians, qui jouent au milieu des favelas, à la rivalité sévillane entre les rustres du Real Betis Balompié et les élégants du FC Séville, les frontières même floues ainsi tracées relèvent bien souvent du stéréotype. Mais leur fonction essentielle est de créer puis de conforter une identité propre au sein d'un paysage urbain en perpétuelle transformation. Enfin, les antinomies politiques, encore plus rares, ne sont en général guère pérennes puisqu'elles ne sont activées que dans des contextes précis et sont par conséquent susceptibles d'évoluer. Par exemple au Caire, il reste délicat de savoir qui d'Al Ahly ou de Zamalek – les deux clubs africains les plus prestigieux qui s'affrontent lors du « *Likaa El Kemma* » (la « Rencontre des meilleurs ») – a la faveur du pouvoir : le premier était soutenu par les élites nationalistes quand le pays était sous domination britannique, le second avait été placé sous le patronage de Nasser dans les années 1950, mais les supporters des deux camps participèrent de concert à la révolution sur la place Tahir en 2011. Dans la péninsule Ibérique, les opposants à la dictature d'António Salazar soutenaient plus facilement le Sporting du Portugal que son rival lisboète, le Benfica, qui occupait une place centrale dans la propagande déployée par le régime à partir des trois facteurs culturels devant conforter le consensus autour de lui – les trois « F » : Fado, Futebol, Fátima. À Madrid en revanche, l'Atlético n'était pas devenu le club refuge de ceux qu'aurait indisposés le soutien appuyé de Francisco Franco au Real. Les autorités franquistes étaient davantage préoccupées par les revendications autonomistes des Basques et des Catalans, dont l'Athletic Bilbao et le Barça étaient devenus les porte-étendards et un des rares moyens d'expression, mais on sort là du cadre des derbys. À noter néanmoins qu'à Barcelone la popularité de l'Espanyol parmi les immigrés andalous venus travailler comme OS dans les industries catalanes après la Seconde Guerre mondiale ne signifiait pas pour autant une adhésion à Franco : il s'agissait plutôt pour eux de manifester la méfiance que leur inspirait le catalanisme, qui les rejetait dans une marginalité culturelle et politique venant s'ajouter à leur subalternité sociale.

Au bout du compte, le seul autre pays en dehors de l'Écosse à avoir proposé une articulation aussi étroite entre les dimensions politiques et sociales a été l'Italie, et encore pendant une période limitée. La politisation du *tifo* que l'on a vu à l'œuvre au tournant des années 1960, sous l'égide de Pier Paolo Pasolini puis d'Antonio Ghirelli, finit en effet par atteindre le supportérisme pour les équipes de clubs. Au début des années 1970 se mit ainsi en place une géopolitique de la série A, opposant les clubs considérés comme de droite (la Juventus, l'Inter, la Lazio) à ceux dits de gauche (le Torino, le Milan AC, la Roma). L'émergence de ce système de représentations avait été rendue possible par la géographie électorale qui recoupait en partie les aires de diffusion du *tifo* pour ces équipes. Ainsi, les zones où les *tifosi* de l'Inter et de la Lazio étaient les plus nombreux (la Lombardie et le Latium) étaient également plus à droite que les villes de Milan et de Rome, où se concentrait la majorité des *milanisti* et des *romanisti*. À Turin, la division s'opérait au sein des usines de la FIAT où les immigrés de deuxième ou troisième génération, devenus ouvriers qualifiés, syndiqués et votant pour le Parti communiste, se reconnaissaient dans le Torino, alors que les paysans déracinés du Sud qui travaillaient à la chaîne et se retrouvaient au bas de la hiérarchie ouvrière, ne pouvaient que donner leur soutien à la Juventus, promesse symbolique d'un avenir fait d'abondance et de succès. La construction de cet imaginaire puissant, portée par la génération du baby-boom qui donna naissance aux groupes d'*ultras*, constituait une rupture brutale, les fils sommant les pères de rendre des comptes sur leurs positionnements en termes de *tifo*, les pères considérant les fils comme des fous furieux. Ainsi Palmiro Togliatti, le secrétaire général du Parti communiste italien décédé en 1964, qui n'hésitait pas à s'afficher dans la tribune d'honneur du Stadio Comunale de Turin en compagnie de Gianni Agnelli, le président de la Juventus et rejeton de la dynastie propriétaire de la FIAT, n'aurait pas du tout compris que les *ultras* du Torino se mettent à chanter ce qui devint leur antienne favorite en 1969 et qui commençait ainsi : « *È lunedí che delusione, si torna alla fabbrica al servizio del padrone, O Juve nera, lava i piedi di tutta la famiglia Agnelli* » (« C'est lundi, quelle déception, on retourne à l'usine au service du patron, ô Juve noire, va laver les pieds de toute la famille Agnelli »). Néanmoins, cet entremêlement entre militantismes politiques et footballistiques s'épuisa dans les années 1980 avec le reflux du mouvement social en Italie après une intense décennie de luttes.

Si le derby de Glasgow charrie encore autant de ferveur, c'est probablement parce que les trois dimensions enchâssées qui lui avaient conféré son caractère exceptionnel dès la fin du XIXe siècle continuent de structurer la vie quotidienne de ses habitants, d'une manière ou d'une autre. Si l'appartenance religieuse ne constitue plus un pilier de l'existence de tout un chacun, à l'heure de la sécularisation des sociétés occidentales, elle demeure néanmoins un marqueur culturel important, notamment pour la communauté irlandaise et en miroir pour les descendants d'immigrés loyalistes. De même, si la situation s'est désormais apaisée en Ulster, le règlement de la question nationale irlandaise reste en suspens et beaucoup n'ont jamais abandonné le rêve de voir l'île enfin unie. Enfin, les lois d'airain de la mobilité sociale ont pour effet de maintenir la majorité des descendants d'Irlandais dans les classes populaires. Tout ceci explique par ailleurs que le derby entre Celtic et Rangers soit le seul, parmi la centaine d'oppositions intra-urbaines répertoriées dans le monde, à avoir causé la mort d'un des participants sur le terrain. Le 5 septembre 1931 à Ibrox Park, l'attaquant des Rangers, Sam English, ne retint pas sa frappe alors que le gardien des Celtic s'était jeté dans ses pieds. Ce dernier, John Thomson, mourut quelques heures plus tard du traumatisme reçu au crâne. Une telle tragédie indiquait que l'engagement des joueurs au cours de ces derbys était maximal ; dans ces combats fratricides, le plus important a toujours été de remporter la victoire, à tout prix.

Chapitre 10

Un match de guerre froide

Dans le quartier d'Altona à Hambourg, le Parc du Peuple est en fait une véritable forêt, au centre de laquelle trône le Volksparkstadion. Le 22 juin 1974, c'est dans ce stade que s'affrontèrent les deux sélections allemandes – celles de la RFA et de la RDA – dans une rencontre comptant pour la phase de groupe de la Coupe du monde organisée cette année-là en Allemagne de l'Ouest. À la surprise générale, les visiteurs s'imposèrent 1-0 face au champion d'Europe en titre qui serait sacré champion du monde face aux Pays-Bas de Johan Cruyff moins de trois semaines plus tard. Dans la guerre froide sportive que se livraient l'Est et l'Ouest depuis la Seconde Guerre mondiale, le football avait rarement constitué un terrain de confrontation symbolique. La faute en revenait aux États-Unis dont le système sportif fonctionnait de manière autarcique en ce qui concernait les sports collectifs. À l'image de ce qui s'était passé en Irlande avec la création du football gaélique, la jeune république du Nouveau Monde s'était en effet dotée, au cours du XIXe siècle, de sports certes dérivés de ceux pratiqués dans l'ancienne métropole coloniale, mais aux règles différentes, ce qui lui avait permis d'affirmer sa différence d'un point de vue culturel. Le football/rugby avait ainsi évolué vers ce qu'on nomme aujourd'hui le football américain, tandis que le cricket avait été transformé en baseball. En revanche, ce que le reste du monde appelait football – quelle que soit la déclinaison choisie (*Fussball*, *fútebol*, *futebol*, *calcio*) – y demeurait marginal parce que trop anglais, ce qu'indiquait le mot employé pour en parler, *soccer*, c'est-à-dire le terme utilisé dans les *public schools* britanniques – le type d'argot caractéristique de celles-ci consistant à affecter un suffixe en -er à une abréviation (*football association* étant ainsi devenu *soccer*).

Dans le domaine footballistique, les oppositions susceptibles de mettre en scène l'antagonisme Est-Ouest s'étaient par conséquent toutes déroulées sur le théâtre européen, de part et d'autre du rideau de fer. Elles n'y avaient toutefois que rarement donné lieu à des affrontements où la supériorité du socialisme sur le capitalisme (ou inversement) aurait été mise en jeu de manière marquée. Cela avait été le cas à Rome au mois de mai 1953 à l'occasion du match Italie-Hongrie organisé pour l'inauguration du Stadio olimpico : en pleine campagne pour les élections législatives, la défaite italienne 3-0 avait été interprétée par les gauches transalpines comme le signe de l'incurie de la Démocratie chrétienne. En revanche, dans les journaux britanniques (en novembre 1953) et ouest-allemands (en juillet 1954), l'équipe de Puskás avait davantage été présentée comme l'héritière et la dépositaire de l'excellence de l'école danubienne que comme le produit de la société communiste. Plus généralement, le niveau simplement correct de l'URSS n'avait jamais justifié qu'on en fît trop : jusqu'à la disparition de cette dernière en 1991, les équipes soviétiques jouaient bien au football, mais pas assez pour être en mesure d'imposer leur suprématie – avec certes une exception, celle de la finale du championnat d'Europe des nations contre l'Espagne en 1964, où la propagande franquiste se déchaîna pour célébrer la défaite de l'Union soviétique 2-1 sous les yeux du *caudillo* au stade Santiago Bernabéu à Madrid. Le match RFA-RDA de 1974 revêtit donc un caractère exceptionnel : les deux formations face à face ne représentaient pas seulement l'Ouest et l'Est, mais elles étaient, par leur existence même, le produit de la guerre froide sur le continent européen.

En réalité, ce n'était pas la première mais la cinquième fois que la RFA et la RDA se retrouvaient opposées, même si le statut des quatre premières rencontres reste encore aujourd'hui difficile à déterminer. Cette incertitude résultait de l'application de la doctrine Hallstein, du nom du ministre des Affaires étrangères de RFA dans les années 1950. En vertu de celle-ci, l'Allemagne de l'Ouest se considérait en effet comme la seule représentante légitime du peuple allemand et n'entretenait donc pas de relations diplomatiques avec les pays qui reconnaissaient la RDA, à l'exception de l'URSS – ce qui conduisit par exemple au rappel des ambassadeurs ouest-allemands de Yougoslavie en 1957 et de Cuba en 1963. En matière sportive, il s'agissait de contrecarrer par tous les moyens les efforts entrepris par la RDA depuis sa fondation en 1949 pour se faire reconnaître comme une nation à part entière. Si depuis le début des années 1950, les fédérations sportives internationales avaient toutes accepté l'adhésion de l'Allemagne de l'Est (la première, celle de jeu d'échecs en 1950, puis la FIFA en 1952), la participation des athlètes est-allemands aux différentes compétitions était longtemps restée impossible lorsque celles-ci se déroulaient sur le territoire d'un membre de l'OTAN. Du fait de la doctrine Hallstein et des mécanismes de solidarité entre les pays de l'Alliance atlantique, les visas d'entrée leur étaient ainsi systématiquement refusés. Mais la principale pierre d'achoppement concernait les Jeux olympiques auxquels, à partir des années 1950, la RFA comme la RDA demandèrent à participer. Des Jeux de Melbourne en 1956 à ceux de Tokyo en 1964, le CIO refusa de favoriser une Allemagne plutôt qu'une autre et leur imposa une équipe commune – qui défilait avec le drapeau allemand frappé des anneaux olympiques et écoutait l'hymne à la joie de Beethoven en cas de succès. Étant donné qu'il était inconcevable pour les dirigeants des deux pays qu'il y ait des formations mixtes dans les sports collectifs, ceux-ci avaient décidé que les deux sélections nationales de football seraient départagées à l'issue de barrages disputés en aller et retour. Ainsi, en 1959 puis en 1963, les *Nationalmannschaften* ouest et est-allemandes furent-elles opposées, à huis clos, à Berlin-Est puis à Düsseldorf, dans des matchs officiels, reconnus par le CIO et la FIFA, mais en même temps des matchs fantômes puisque l'une et l'autre équipe considéraient que son adversaire n'existait pas – le principe de réalité finit toutefois par l'emporter, et avec lui la RFA la première fois, la RDA la seconde. La situation changea néanmoins avec l'accession du social-démocrate Willy Brandt au poste de chancelier en 1969, à la tête d'une coalition dont ne faisaient pas partie les chrétiens-démocrates de la CDU-CSU. Après avoir inauguré symboliquement son mandat le 7 décembre 1970 lorsqu'il s'était agenouillé devant le mémorial du ghetto juif de Varsovie, Brandt avait choisi de mener une politique d'ouverture vis-à-vis de la RDA. En 1973, cette *Ostpolitik* (« politique vers l'Est ») se traduisit par la signature du Traité fondamental, qui sanctionnait la reconnaissance de l'Allemagne de l'Est comme État souverain par la RFA, ce qui suscita la fureur des milieux conservateurs qui dès lors considérèrent Brandt comme un traître. Néanmoins, ce dernier n'assista pas à la rencontre de Hambourg : il avait été acculé à la démission quelques semaines plus tôt, après qu'on eut découvert qu'un de ses plus proches collaborateurs, Günter Guillaume, était en réalité un espion de la Stasi (*Staastsicherheit*), la police secrète de RDA.

Par ailleurs, il s'en fallut de peu pour que le match n'eût jamais lieu en raison des divergences de vues au sein de la direction du parti au pouvoir en RDA, le SED (le Parti socialiste unifié allemand – *Sozialistische Einheits Partei Deutschlands*). En effet, lors du tirage au sort effectué le 5 janvier 1974, la RDA s'était vu attribuer comme adversaires au premier tour, outre l'Allemagne de l'Ouest, l'Australie et surtout le Chili, où quatre mois plus tôt le général Augusto Pinochet avait renversé le gouvernement d'Union populaire de Salvador Allende. L'URSS, qui devait rencontrer le Chili en barrage de qualification pour la Coupe du monde, avait refusé de disputer la manche retour de l'éliminatoire prévue dans l'Estadio Nacional de Santiago, le « stade de la honte » où, après le coup d'État du 11 septembre 1973, des milliers d'opposants avaient été internés et torturés. La FIFA avait refusé : le 21 novembre, seule la formation chilienne s'était présentée sur le terrain et, sans opposition, avait marqué le but de la victoire dans le but vide au bout de quinze secondes – ce qui en fit le match international le plus court de l'histoire. Au sein du Bureau politique du SED, plusieurs voix s'élevèrent pour réclamer le retrait de la RDA de la Coupe du monde à venir, en soutien à l'URSS et au nom de la solidarité antifasciste avec le peuple chilien. Erich Honecker, devenu premier secrétaire du SED en 1971, repoussa ces arguments. Le sport avait contribué à la reconnaissance de la RDA sur la scène internationale – aux Jeux olympiques de Munich en 1972, l'Allemagne de l'Est avait pu pour la première fois défiler sous son drapeau et faire résonner son hymne national – et il était hors de question de mettre un terme à la politique d'ouverture à l'Est mise en œuvre par Willy Brandt, d'autant que cette dernière permettait également une coopération économique. Il aurait aussi été dommage de ne pas profiter de la première qualification de l'équipe nationale est-allemande pour une Coupe du monde, résultat des efforts entrepris depuis les années 1950.

Le développement d'une politique sportive en RDA avait en effet débuté un an après sa fondation en 1949. Auparavant, les autorités d'occupation soviétiques s'étaient contentées de dissoudre les associations sportives, notamment les clubs de football, particulièrement nombreux dans le Sud, en Saxe, concernés comme toutes les autres associations par la mise en œuvre d'une politique rigoureuse de dénazification. Comme dans les autres domaines, le modèle soviétique fut appliqué : chaque administration et chaque branche professionnelle disposait d'une section sportive (*Sport Vereinigung* – SV), où le football n'était qu'une activité physique parmi d'autres. Les noms des premiers clubs indiquaient à quel secteur d'activité les pratiquants étaient rattachés. Ce pouvait être des militaires (*Vorwärts*), des postiers (*Post*), des policiers (*Dynamo*), des fonctionnaires territoriaux (*Einheit*), des journalistes (*Rotation*) ou des étudiants (*Wissenschaft*), tout autant que des cheminots (*Lokomotiv*), des électriciens (*Turbine*), des paysans (*Traktor*), des médecins ou des infirmiers (*Medizin*), des mineurs (*Aktivist*) ou bien des salariés travaillant dans les secteurs de l'automobile (*Motor*), du commerce (*Empor*), de la sidérurgie (*Stahl*), du bâtiment

(*Aufbau*), de la chimie (*Chemie*), etc. Les dix-huit appellations retenues révélaient l'ambition du régime d'assurer la diffusion d'une pratique sportive de masse, les activités physiques étant considérées comme une composante fondamentale de la vie quotidienne dans une société socialiste. Dès la saison 1950-1951 fut mis sur pied un championnat national unifié, l'Oberliga, soit treize ans avant la création de la Bundesliga en RFA.

Néanmoins, la nécessité d'améliorer le niveau général de l'Oberliga s'imposa rapidement. En 1954, le titre mondial remporté par la RFA avait constitué un choc pour les élites politiques est-allemandes, qui restèrent impressionnées par le retentissement de cette victoire dans la population de RDA. Dans leur esprit, si le football allemand « bourgeois » avait connu un tel succès, il n'y avait aucune raison qu'il n'en aille pas de même pour le football « socialiste ». Il s'agissait dès lors de se donner les moyens de rattraper le retard pris et d'être capable de rivaliser avec l'Ouest, voire de le dépasser. Dès la saison 1954-1955, le fonctionnement du championnat fut ainsi réorganisé. Apparurent des *Sportclub*, qui étaient des structures créées spécifiquement pour les footballeurs de l'élite. Comme dans tous les pays socialistes, les joueurs étaient officiellement amateurs, même si en réalité la plupart bénéficiaient d'aménagement d'horaires pour pouvoir s'entraîner correctement et participer aux compétitions. Le pouvoir intervint également sur la distribution géographique des clubs avec l'objectif de mieux les répartir sur le territoire en corrigeant le déséquilibre Nord/Sud et de parvenir ainsi à une meilleure adéquation avec les principales zones de peuplement. Les effectifs du Dynamo de Dresde et du Vorwärts de Leipzig furent par exemple autoritairement transférés à Berlin, où surgirent *ex nihilo* le Dynamo et le Vorwärts de Berlin. Après la huitième journée de championnat, l'Empor Lauter, une petite ville située à trois kilomètres d'Aue, en Saxe, fut relocalisé d'une semaine sur l'autre à Rostock, le port de la Baltique. La seconde réorganisation d'envergure intervint onze ans plus tard, au cours de la saison 1965-1966. Le SED profita de la trêve hivernale, qui courait de mi-décembre à début février, pour modifier la structure des clubs, ce qui se traduisit par l'apparition d'un nouvel acronyme, FC, pour *Fussballclub*. Un double objectif était poursuivi : il fallait d'une part répondre à la création deux ans plus tôt de la Bundesliga, dont les clubs étaient très populaires en RDA et dont les performances étaient attentivement suivies à la radio voire à la télévision ; d'autre part, ce changement d'appellation correspondit à l'autonomisation des sections footballistiques au sein des associations sportives de branche – avec l'argument que le football était lésé au sein de celles-ci par rapport aux autres sections sportives qui, elles, rapportaient des médailles olympiques. Encore une fois, ces évolutions furent imposées dans l'urgence par le pouvoir politique en réaction à ce qui se passait à l'Ouest, la RFA constituant un point de comparaison permanent en matière de développement du football.

Au bout du compte, ce fut davantage le modèle ouest-allemand qui servit de mètre étalon, la référence soviétique s'estompant au fil des ans et des ajustements. Les résultats finirent par arriver : au mois de mai 1974, quelques semaines avant le début de la Coupe du monde, le FC Magdebourg avait ainsi battu le Milan AC en finale de la Coupe d'Europe des vainqueurs de coupe (2-0).

Néanmoins, la tâche s'annonçait ardue face à une formation de RFA qui dominait son sujet en s'appuyant sur une ossature de joueurs issue d'un club en particulier, le Bayern Munich, qui venait quant à lui de remporter sa première Coupe des clubs champions européens. L'ascension de l'équipe bavaroise était révélatrice de la manière avec laquelle le monde du football ouest-allemand avait affronté le passage au professionnalisme en 1963 avec la création de la Bundesliga. Dans un premier temps, le Bayern n'avait pu participer au nouveau championnat en raison de la faiblesse de son budget. Le club avait en effet été fondé en 1900 par des représentants de la bourgeoisie commerçante juive munichoise, interdits d'adhérer à l'association de gymnastique de la ville (le Turnverein Munchen 1860), dont la section footballistique avait été créée en 1899 – son nom avait par conséquent été changé en Turn- und Sportverein (TSV) Munchen 1860. Comme on l'a vu, les néo-footballeurs devaient donner des gages de leur patriotisme, ce qui en l'occurrence se traduisit par l'exclusion des étrangers mais aussi des Allemands de confession juive, dans un contexte de renforcement d'un nationalisme fortement antisémite dans le IIe Reich. La quasi-totalité des membres du Bayern ayant disparu pendant la Seconde Guerre mondiale, les recettes financières étaient restées très faibles pendant deux décennies. Pour y remédier, l'actionnariat du club fut élargi à des milliers de petits entrepreneurs, disséminés dans toute la région, dont les contributions augmentèrent du fait de l'enrichissement collectif provoqué par le miracle économique, mais qui étaient aussi stimulés par les bons résultats obtenus peu à peu grâce à une politique sportive fondée sur la détection et la formation de jeunes talents dans toute la Bavière. En 1963 débutaient ainsi en équipe première le défenseur Franz Beckenbauer et le gardien de but Sepp Maier, originaire de Metten, un village de Basse-Bavière, suivis par exemple en 1970 par le latéral Paul Breitner, né lui à Kolbermoor, aux pieds des Alpes.

Si l'adoption du professionnalisme entraîna l'acceptation progressive de l'idée qu'un footballeur pouvait gagner parfois beaucoup d'argent en pratiquant son métier, les résistances culturelles à cette financiarisation restaient en revanche très fortes dès lors qu'était en jeu la *Nationalmannschaft*. À ce sujet, la polémique éclata au début de la Coupe du monde, lorsque plusieurs des sélectionnés réclamèrent l'augmentation des primes de match, provoquant l'indignation d'une bonne partie de la société ouest-allemande. La contestation était menée par Paul Breitner, dont les revendications spécifiques s'inséraient dans un mouvement général de remise en cause du type de société incarné par les chrétiens-démocrates. Dans les années 1960, le désir d'une meilleure redistribution des fruits de la croissance économique avait constitué le fondement de la progression électorale des sociaux-démocrates, qui considéraient qu'une politique salariale généreuse était un instrument de justice sociale. À ces considérations s'étaient ajoutées les protestations contre la guerre du Vietnam et la dénonciation d'une dénazification jugée incomplète et hypocrite. Dans ce contexte, les provocations de Breitner ne passaient pas inaperçues : il s'était laissé pousser la barbe en hommage à Che Guevara et se faisait prendre en photo en train de lire Marx ou Lénine. En réaction, la presse conservatrice vomissait ce « maoïste bavarois », presque autant qu'elle détestait Willy Brandt, ce qui n'était pas peu dire. L'affaire des primes n'arrangea pas son cas : il estimait que tout travail méritait salaire et cette attitude choqua largement, certains le soupçonnant même de manquer de patriotisme, ce qui n'était pas pour lui déplaire. Deux jours avant la rencontre face à la RDA, le bruit courut qu'il en était venu aux mains dans les vestiaires avec Beckenbauer, aux opinions politiques bien plus modérées. De là à le rendre responsable de la défaite contre l'Allemagne de l'Est, il n'y avait qu'un pas à franchir : la *Nationalmannschaft*, rongée par les dissensions internes, n'aurait pas évolué ce soir-là au niveau qui aurait dû être le sien, alors que son adversaire avait lui mis toutes les chances de son côté.

Au sein de la direction du SED, beaucoup avaient en effet redouté que le match contre la RFA ne tourne à l'humiliation et que ne soient ainsi symboliquement ruinés les efforts entrepris depuis vingt ans pour élever le niveau footballistique de la RDA. En quelque sorte, que le football devienne la métaphore de l'échec plus global de tout un système. Au mois de janvier 1974, Erich Honecker confia donc à Erich Mielke, le patron de la Stasi, une mission spéciale dénommée « *Aktion Leder* » (« Action Cuir » ou « Action Ballon »), destinée à « sécuriser » la rencontre. Rien d'étonnant à cela : Erich Mielke était un authentique passionné de football. En 1957, lorsqu'il avait pris la direction de la Stasi, il était déjà président depuis quatre ans de l'association sportive de la police et il n'hésitait pas à afficher ouvertement son soutien à la section de football berlinoise de celle-ci, créée en 1954. Plus tard, dans les années 1980, le Dynamo de Berlin se forgerait un palmarès impressionnant – champion de RDA sans interruption de 1979 à 1988 – en partie parce qu'il était favorisé par les arbitres, ce qui contribua à le rendre très impopulaire – un épisode célèbre de 1986 est par exemple resté dans les mémoires sous le nom de « penalty de la honte de Leipzig ». Toutefois, c'est seulement dans les années 1960 que la Stasi avait commencé à s'intéresser réellement au football. Grâce à son réseau d'espions, la police politique s'était rendu compte de l'extrême popularité dont jouissait la toute nouvelle Bundesliga, qu'on pouvait mesurer au nombre de fanions et d'écharpes de clubs de l'Ouest présents dans les chambres d'adolescents. Dès 1964, ne pouvant interdire qu'on regarde ou qu'on écoute les chaînes de télévision ou les stations de radio émettant depuis la RFA, Mielke avait fait modifier les horaires des matchs du championnat est-allemand, du samedi soir au samedi après-midi, pour les faire coïncider avec ceux de l'Ouest. Puis à 17 h 35 débutait l'émission télévisée *Sport Aktuell*, qui proposait le résumé des matchs de l'Oberliga, censée faire concurrence à *Sportschau*, le magazine de la Bundesliga, qui débutait lui à 18 heures. Plus généralement, la Stasi ne tenta pas véritablement de contrôler le public des stades, même à partir de la fin des années 1970 quand éclatèrent des épisodes de violences entre supporters. Le hooliganisme étant analysé comme une des manifestations de la misère sociale et culturelle des jeunes dans un système capitaliste, il n'était tout simplement pas concevable que de tels phénomènes se produisent en RDA. Puisque leur présence dans les stades aurait mis en lumière le problème, les agents de la Stasi n'investirent donc pas les stades, qui demeurèrent des espaces de relative liberté. C'est notamment dans l'antre du Dynamo de Berlin, le Jahnsportpark, que se firent entendre les premiers slogans néonazis dans les années 1980 : « *Mein Opa war bei der SS, mein Vater bei der Stasi, ich beim BFC* » (« Mon grand-père était dans la SS, mon père dans la Stasi, moi au BFC [Berliner Fussball Club] ») ou bien, durant un derby contre le FC Union, « *Zykon B für Scheiss Union* » (« Du Zyklon B pour l'Union de merde »).

Tout autre se présentait la situation lorsque, au tournant des années 1970, à mesure que le niveau des clubs de RDA s'élevait, ceux-ci disputèrent de plus en plus de matchs de Coupes d'Europe, notamment contre des formations de RFA. Dans ces cas de figure, les priorités de la Stasi étaient tout d'abord d'empêcher toute fraternisation entre les supporters des deux camps, ensuite d'éviter que des slogans hostiles au SED ou au régime soient entonnés au stade et enfin de prévenir toute tentative de fuite à l'Ouest. Pour ce faire, un dispositif particulier était activé, surnommé *Aktion Vorstoss* (« Action préventive »). Par exemple, en 1973, à l'occasion d'une rencontre entre le Dynamo de Dresde et le Bayern Munich, un jeune homme avait été arrêté avant le match parce qu'il avait l'intention de crier au stade : « Gerd Müller, emmène-moi en RFA. » Pour cette même rencontre, seuls 8 000 billets avaient été mis en vente et 25 000 autres « sécurisés », c'est-à-dire distribués à des personnes considérées comme sûres, qu'on avait néanmoins encadrées à raison de deux agents de la Stasi par groupes de cinq spectateurs. L'*Aktion Leder* ne fit donc que s'inspirer d'un système bien rodé qui fonctionnait parfaitement, avec toutefois une difficulté particulière, celle de devoir la mettre en œuvre en terrain hostile, à l'étranger. Comme le montrent les archives de la Stasi, l'opération fut dirigée par Erich Mielke en personne et avait pour objectif principal d'éviter toute défection à l'Ouest, que ce soit celle de joueurs ou de supporters de RDA. Concernant ces derniers, au nombre de 1 500, les critères de sélection furent très stricts : de préférence des membres du SED, qui voyageraient en solitaire, sans leur conjoint(e), ayant déjà voyagé sans incidents dans des pays occidentaux, originaires de tout le pays et qui ne se connaissaient pas entre eux, n'ayant pas de parents, même éloignés, à l'Ouest, ce qui valait pour leur conjoint(e), pas portés sur la boisson, etc. Ce processus de sélection étant secret, on en profita pour enquêter sur ceux qui avaient spontanément envoyé une demande de billet au Bureau du tourisme. Dans l'équipe est-allemande, onze joueurs étaient considérés comme douteux parce qu'ils avaient des amis en RFA et furent plus particulièrement surveillés. En outre, on loua un appartement à Hambourg pour en faire une base de repli isolée. On y entreposa une malle, assez grande pour y mettre un éventuel fugitif et le rapatrier clandestinement en RDA. Enfin, instruit de l'expérience de la prise d'otages des athlètes israéliens par des Palestiniens aux Jeux de Munich deux ans plus tôt, Mielke attacha une grande attention à la sécurité de la délégation est-allemande. Il diligenta par exemple une enquête sur la Fraction Armée rouge (*Rote Armee Fraktion* – RAF) qui avait menacé de tirer un missile sur le Volksparkstadion.

En fin de compte, le régime est-allemand avait eu de quoi être satisfait : le socialisme avait été, pour une fois, victorieux. Sur le terrain, l'équipe de RDA avait joué à l'italienne, défendant bien et lançant des contre-attaques, l'une d'entre elles faisant mouche à la 77e minute. Bien des commentateurs s'interrogèrent néanmoins sur l'apathie des joueurs ouest-allemands : il se murmura que cette défaite ne leur déplaisait pas tant que ça, car elle leur permettait d'éviter les Pays-Bas, l'autre grand favori de la compétition, au tour suivant. Quoi qu'il en soit, ce succès suscita un enthousiasme immense en RDA, au point de devenir un lieu de mémoire de l'ancienne société est-allemande et un support privilégié de l'*Ostalgie* (la nostalgie pour l'Est) dans sa dimension sportive. En 2015, l'unique buteur du match, Jürgen Sparwasser, déclara qu'il suffirait de graver « Hambourg 1974 » sur sa pierre tombale, car, précisa-t-il, « tout le monde saura ainsi qui est enterré là ».

Chapitre 11

Et les Bleus dans tout ça ?

Qui a passé en France la nuit du 12 au 13 juillet 1998 sait ce qu'est la fraternité. Jusqu'au petit matin, des millions de personnes parcoururent les rues du pays, ivres de joie, dans une ambiance de camaraderie radieuse et sans qu'aucune trace d'agressivité n'affleure jamais, une sorte de parenthèse enchantée qui aurait miraculeusement unifié la société. Tous avaient bien conscience qu'il fallait en profiter : de telles occasions de faire une fête pareille se présentent rarement dans l'existence. Comme l'avaient écrit des *tifosi* napolitains sur les murs d'un des cimetières de leur ville en 1987, quand leur équipe emmenée par Diego Maradona était devenue championne d'Italie : « *Che 'vve sit' pers' !* » – « Qu'est-ce que vous avez raté ! » À son tour, la France faisait l'expérience de ces moments de réjouissance collective aux accents carnavalesques comme avaient pu les vivre les Allemands en 1954, les Anglais en 1966 – lorsque leur équipe nationale gagna la Coupe du monde – ou encore les Italiens par deux fois – lors de la Nuit mexicaine de 1970 puis à l'occasion du titre mondial de 1982. Enfin, pourrait-on dire, car par bien des aspects la France est un grand pays de football, ne serait-ce que par le nombre de pratiquants, un des plus élevés en Europe, à la fois en valeur absolue et en proportion de la population qui tape dans un ballon. Et pourtant il lui fallut attendre près d'un siècle pour que la culture spécifique liée à ce sport donne lieu à un événement d'ampleur nationale et soit pleinement légitimée dans l'espace public, au sens propre comme au sens figuré. Jamais en effet la presse généraliste hexagonale n'avait accordé une telle place à une pratique qui avait jusque-là été reléguée dans le bas des hiérarchies culturelles. Pour le dire autrement et au risque de forcer le trait, avant 1998, le football c'était pour les « beaufs », cette catégorie inventée par le dessinateur Cabu dans les années 1970 qui englobait de manière large ceux qui, issus de milieux populaires, se seraient vautrés dans une culture de masse abêtissante et aliénante, à la mesure de leur étroitesse d'esprit et de leurs pulsions chauvines. Dans les mois précédant la Coupe du monde organisée en France, on retrouva des traces de cette stigmatisation latente dans le procès en incompétence qui fut intenté par les quotidiens *Libération* et *L'Équipe* à l'encontre du sélectionneur national, Aimé Jacquet. Au moment où le football se voyait concéder une place inédite dans le débat public, la figure de cet ancien ouvrier-fraiseur à Saint-Chamond, près de Saint-Étienne, se vit stigmatisée par des journalistes peu coutumiers de la chose sportive sans que l'on sache bien ce qui lui était reproché. Les compétences d'Aimé Jacquet ne faisaient pourtant guère de doute : il avait guidé les Girondins de Bordeaux jusqu'au titre de champion de France dans les années 1980 et l'équipe de France avait enchaîné une série impressionnante de matchs sans défaites sous sa direction. Certains y virent l'expression d'une sorte de mépris de classe, probablement due au fait que l'entraîneur était mal à l'aise face à des médias qui braquaient soudainement les projecteurs sur tout ce qui touchait aux Bleus. Dans l'euphorie de la victoire, les polémiques furent rapidement oubliées, même si Jacquet tint à préciser, avec son accent du Forez caractéristique, que « jamais [il] ne pardonnerai[t] ». L'épisode traduisait en tout cas le trouble culturel qui s'était emparé des élites intellectuelles du pays à mesure qu'elles avaient dû apprivoiser les codes du monde du football de manière accélérée : avec la victoire en finale sur le Brésil (3-0), assister à un match ou le regarder à la télévision, en parler ensuite voire écrire dessus étaient devenus, quasiment du jour au lendemain, des pratiques totalement légitimes, même dans la bourgeoisie qui était jusque-là restée largement étrangère à cette culture de masse.

Le plus étonnant dans cette histoire est que le football français ait dû attendre si longtemps pour que le rôle important qu'il occupait dans la société soit pleinement reconnu. Son développement présente en effet bien des traits communs avec ce qu'on a pu observer ailleurs en Europe. Introduit dans le dernier tiers du XIXe siècle par des élites libérales et anglophiles, le jeu se diffusa ensuite dans toutes les classes sociales et sur tout le territoire par l'intermédiaire de deux institutions fondamentales en France, l'école et l'armée. En ce qui concerne cette dernière, l'expérience de la Première Guerre mondiale fut décisive, les soldats français, en majorité de jeunes paysans venus de tout le pays, se retrouvant brutalement plongés au front dans un creuset culturel qui favorisa la découverte et l'apprentissage de nouvelles pratiques. Un relais essentiel fut également assuré par l'Église, qui voyait dans le football un moyen d'attirer et de retenir les jeunes dans les patronages qui leur étaient destinés. La place des activités sportives en général et du football en particulier au sein de ceux-ci avait été renforcée avec la réorganisation de la FGSPF (Fédération gymnastique et sportive des patronages de France) en 1904 : après l'expulsion des congrégations enseignantes en 1903, l'urgence de proposer des structures éducatives de substitution s'était imposée. Encore aujourd'hui il reste des traces de cet investissement catholique, perceptible à travers la répartition régionale des licenciés de la Fédération française de football (FFF) : les régions qui en comptent le plus grand nombre par rapport à la population totale sont sans surprise les campagnes où la pratique religieuse était la plus forte et donc l'encadrement paroissial le plus dense : le grand Ouest (Normandie, Bretagne et basse vallée de la Loire) et le Lyonnais. Certaines de ces associations sportives catholiques connurent un destin prestigieux, comme l'Association de la jeunesse auxerroise

(AJA), championne de France en 1996 sous la conduite de Guy Roux, qui joue dans le stade de l'Abbé-Deschamps, son fondateur, et avec un maillot bleu et blanc en hommage à la Vierge sous le patronage de laquelle elle est placée.

Dans l'entre-deux-guerres, l'essor d'une industrie du spectacle spécifique stimula l'enracinement du football autant qu'elle en sortait renforcée. Deux figures jouèrent un rôle important dans la promotion puis la mise en place du professionnalisme dans les années 1930 : Jean-Bernard Lévy tout d'abord, le président du Racing de Paris, et Jean-Pierre Peugeot, à la tête du FC Sochaux, dont il entendait faire la plus belle vitrine du dynamisme de l'entreprise automobile qui le finançait. En menaçant la FFF de créer une ligue privée, sur le modèle de ce qui existait aux États-Unis, les deux obtinrent la création d'un championnat professionnel en 1932. D'autres industriels participèrent au mouvement, de la famille Guichard, propriétaire du groupe Casino, à Saint-Étienne aux grandes maisons de champagne de la Marne qui investirent après 1945 dans le Stade de Reims. C'est ce dernier club qui constitua longtemps la référence française en termes de beau jeu, la version rémoise du Système, que l'on appelait le « football champagne », représentant par ailleurs la meilleure publicité possible pour ceux qui avaient apporté les capitaux. Quand les dépenses étaient importantes, elles permettaient aux clubs qui en bénéficiaient d'obtenir des résultats honorables dans les compétitions internationales, que ce soit Reims (double finaliste de la

Coupe des clubs champions européens face au Real Madrid en 1956 et 1959) ou Saint-Étienne (finaliste de la même épreuve en 1976), voire de les remporter : ce furent le cas de l'Olympique de Marseille, avec l'argent d'Adidas (Ligue des champions 1993), et du Paris Saint-Germain, subventionné par le groupe télévisé Canal + (Coupe des vainqueurs de coupe 1996). Par conséquent, la pratique du football n'était en rien anodine dans la France du second XXe siècle : il s'agissait du premier sport collectif du pays, ce qui suscitait l'intérêt de certaines élites économiques en plus de l'appétit des industriels du textile. En 1933, Émile Camuset avait ainsi racheté des brevets développés par la bonneterie troyenne dans les années 1920 qui permettaient de tricoter des maillots de coton plus aérés et tenant mieux les couleurs. En 1948, il fonda avec son fils Roland la maison Le Coq sportif, dont le chiffre d'affaires ne cessa d'augmenter dans les décennies suivantes, soutenu notamment par le développement des fibres synthétiques.

Le processus d'industrialisation du football français laissa néanmoins un goût d'inachevé, surtout en comparaison de ce qui se mit en place chez les voisins européens les plus proches. Il suffit de jeter un coup d'œil aux résultats obtenus dans les différentes Coupes d'Europe apparues depuis le milieu des années 1950 : les clubs français, avec leur palmarès famélique (deux trophées remportés en tout et pour tout), se situent au niveau de la Roumanie et de l'Écosse, loin derrière l'Espagne (39), l'Angleterre

(31), l'Italie (28), l'Allemagne (19) et même les Pays-Bas (11), le Portugal (7), voire la Belgique (4). De même, contrairement à tous ces pays, le phénomène d'attachement affectif à une formation – ce que de l'autre côté des Alpes on appelle le *tifo* et outre-Pyrénées l'*afición* – ne s'est diffusé dans l'Hexagone que de manière très incomplète : même chez ceux qui s'intéressent au football, l'investissement émotionnel reste bien moindre que ce que l'on peut observer ailleurs, l'indifférence demeurant l'attitude la plus commune. Parmi les facteurs susceptibles d'expliquer cet exceptionnalisme français, la mise en œuvre de politiques offensives de laïcisation de la société dès le début du XXe siècle pourrait en premier lieu rendre compte du décalage avec l'Italie. Les deux pays présentent en effet la particularité d'avoir longtemps compté une population rurale importante – en France, ce n'est qu'au recensement de 1931 que celle-ci est dépassée par la population vivant dans des zones urbaines, tandis que dans la péninsule italienne, il fallut attendre 1961. Or, dans les deux cas, la diffusion de la pratique footballistique dans les campagnes fut principalement assurée par le biais des structures d'encadrement paroissiales, comme on l'a vu pour les terres catholiques de l'Ouest. En Italie, ce fut la capacité de l'institution ecclésiastique à maintenir son emprise sur l'ensemble de la société qui contribua à faire du *calcio* le sport national au tournant des années 1960. En outre, l'Église y constitua également une puissante instance de légitimation culturelle : lorsqu'elle prit le contrôle du principal quotidien sportif transalpin en 1945, c'était pour tenter de contrôler l'émergence de la culture de masse liée au football. Dans les colonnes de la *Gazzetta dello Sport*, on parlait ainsi de « *fede calcistica* » (« foi footballistique ») pour désigner le *tifo* pour tel ou tel club et on valorisait la discipline tactique des différentes équipes : respecter les consignes du capitaine ou de l'entraîneur devenait la métaphore d'une société chrétienne où la masse des fidèles se devait d'obéir au Saint-Père. Par ailleurs, dans les régions très catholiques comme la Vénétie ou la Lombardie, la hiérarchie ecclésiastique n'hésitait pas à intervenir auprès des élites patronales pour les encourager à investir dans les clubs professionnels, la compétitivité des championnats permettant logiquement de rehausser le prestige de la nation, chrétienne bien entendu. Rien de tout cela n'advint en France, où l'influence de l'Église dans la construction des imaginaires collectifs ne cessa au contraire de diminuer.

Le second facteur explicatif de la relative faiblesse du football français tient sans conteste au peu d'intérêt que les élites politiques ont globalement manifesté pour lui tout au long du XXe siècle. Un bon révélateur en fut la finale contre le Brésil de 1998, où les caméras de télévision s'attardèrent comme de coutume sur le président de la République à chacun des buts tricolores et au coup de sifflet final : Jacques Chirac apparut emprunté, ne sachant trop quelle gestuelle adopter pour exprimer son contentement, ce qui n'empêchait pas que celui-ci fût sincère ; mais de toute évidence, il était étranger à la culture du supportérisme, comme la plupart du monde politique hexagonal. De ce point de vue, il aurait probablement suffi d'un rien pour qu'un cercle vertueux s'enclenche, à l'image de ce qu'il se passa dans l'Allemagne de 1954. Imaginons un instant que l'équipe de France de 1958 ait remporté la Coupe du monde en Suède – si le jeune Pelé n'était pas entré en jeu en demi-finale par exemple : peut-être le nouveau régime gaulliste aurait-il alors considéré le football comme un instrument pertinent pour restaurer la gloire de la nation et aurait-il incité les grands groupes industriels du pays à investir dans les clubs de première division. Au contraire, le football français entra au tournant des années 1960 dans un cercle vicieux, le manque d'investissements importants, réguliers et stables entraînant le manque de résultats et celui-ci entretenant le caractère intermittent des premiers. La viabilité du professionnalisme n'était alors pas assurée : bien des footballeurs les plus talentueux hésitaient ainsi à abandonner leur travail, que ce soit aux champs ou en usine, pour un métier de footballeur qui leur semblait précaire – en gros, le jeu n'en valait pas la chandelle. Seuls les meilleurs franchissaient le pas, à l'instar d'Aimé Jacquet qui après quelques années d'alternance entre usine et terrain finit par raccrocher ses outils pour les crampons.

À quelques exceptions près, les formations professionnelles françaises restèrent par conséquent une affaire provinciale : dans le dernier tiers du XXe siècle, la plupart des entrepreneurs qui prirent le contrôle des clubs exerçaient leur activité à une échelle régionale, comme à Montpellier avec Louis Nicollin, à la tête d'une société de ramassage des ordures opérant dans le Languedoc, ou bien à Lyon où Jean-Michel Aulas, dirigeant d'une entreprise de programmation informatique, fit de l'Olympique lyonnais un multiple champion de France. Ne pouvant lutter financièrement contre leurs concurrents étrangers, les présidents de clubs hexagonaux durent faire preuve d'imagination pour trouver des ressources supplémentaires. Du côté de la billetterie, on s'inventa des derbys qui, à l'aune du modèle anglais, n'en étaient pas : par exemple entre Lyon et Lille, les « bourgeoises », contre respectivement Saint-Étienne et Lens, les « prolétaires » ; et au début des années 1990, la chaîne Canal + qui venait de racheter le Paris SG inventa une rivalité entre le club de la capitale et celui de Marseille pour stimuler l'intérêt du championnat et mieux en vendre les droits télévisés. En réalité, les seuls vrais derbys qui avaient jamais existé en France étaient des derbys de campagne, notamment dans l'Ouest où les catholiques s'opposaient aux laïques : ainsi à Pontivy, dans le Morbihan, où l'équipe du patronage, la Garde Saint-Yvy, affrontait celle de l'école publique, le Stade pontivyen.

La France fut également à l'origine des premières tentatives de marchandisation des maillots. Elles furent d'abord inspirées par l'exemple du maillot jaune du Tour de France. En 1919 en effet, lors du « Tour de la victoire », Henri Desgrange, le directeur de *L'Auto*, le quotidien sportif organisateur de la course cycliste, eut l'idée à l'issue de la onzième étape reliant Grenoble à Genève de faire porter par le leader du classement général un maillot aux couleurs du papier sur lequel était imprimé son journal. Cette innovation commerciale fut reprise par le propriétaire de l'AS Saint-Étienne : en 1928, lors de la création du club, Pierre Guichard imposa en effet la couleur verte pour le maillot de son équipe, en référence au groupe Casino dont il avait hérité et qui utilisait ce coloris pour ses campagnes publicitaires. Il était alors difficile d'aller plus loin, les diverses fédérations (FFF et FIFA) prohibant totalement toute trace de réclame. Il fallut attendre 1968 pour obtenir l'autorisation de coudre l'emblème du fabricant du maillot, puis 1972 pour voir les publicités être admises – elles ne devaient à l'origine pas dépasser cinq centimètres de hauteur. Les clubs français reprenaient là un procédé commercial qui avait en réalité été expérimenté pour la première fois en Amérique du Sud au milieu des années 1950, plus précisément par le Peñarol de Montevideo, l'autre grande formation de la métropole uruguayenne avec le Nacional. Que la France se fît le relais en Europe d'une initiative née sur la rive sud de l'Atlantique ne devait pas étonner. À bien des égards, l'économie footballistique hexagonale fonctionne même aujourd'hui comme ses homologues latino-américaines, fortement extraverties et dépendantes des exportations de ses meilleurs joueurs pour survivre financièrement. Dans le cas français, les destinations des transferts vers l'étranger se diversifient de plus en plus, l'Angleterre et l'Espagne ayant supplanté l'Italie pour ce qui concerne les recrutements les plus onéreux après la crise de 2008. Le niveau des Bleus ne s'en retrouve pas affaibli, bien au contraire. Les piliers de l'équipe de 1998 n'ont eu de cesse de rappeler que c'est dans la série A italienne qu'ils avaient appris à parfaire les aspects défensifs de leur jeu. Quelques jours avant le quart de finale contre l'Italie (qualification aux tirs au but), le *Corriere dello Sport* s'était ainsi inquiété : « Nous avons fabriqué des monstres. » En effet, plus de la moitié de l'équipe française jouait ou avait joué dans le championnat italien, de Didier Deschamps et Zinedine Zidane à la Juventus de Turin jusqu'à Youri Djorkaeff à l'Inter de Milan et Laurent Blanc à Naples, en passant par Christian Karembeu à la Sampdoria de Gênes, Lilian Thuram à Parme et Marcel Desailly au Milan AC. La presse transalpine salua son adversaire victorieux qui avait su proposer un jeu équilibré et discipliné, « concret et cynique », qualités qui s'exprimèrent jusqu'en finale.

Quoi qu'il en soit, le titre mondial remporté par les Bleus en 1998 changea immédiatement le statut du football dans la société française : il devint du jour au lendemain une affaire d'État. La foule qui festoyait dans la nuit du 12 juillet ne s'y trompa pas : elle prit spontanément pour point de ralliement non pas la place de la Bastille, lieu de la souveraineté populaire, mais l'avenue des Champs-Élysées, espace consacré de la souveraineté nationale. Des comportements jusque-là inimaginables, mais qui étaient chose commune ailleurs depuis un bout de temps, étaient désormais pleinement légitimes. Ainsi, l'intervention de l'actuel président de la République pour dissuader Kylian Mbappé de quitter le Paris SG pour le Real Madrid n'est pas sans rappeler celle du chef de l'État brésilien Jânio Quadros : en 1961, ce dernier s'activa pour éviter le transfert du Roi du football pour l'Inter de Milan, Pelé étant ainsi élevé au rang de trésor national et de patrimoine vivant du pays tout entier. Dans cette perspective, les incessantes tournées de Santos de par le monde étaient surtout un moyen de remplir les caisses du club pour pouvoir payer le gros salaire de leur star. En France, alors qu'aucune des quarante plus importantes entreprises cotées à la Bourse de Paris n'est propriétaire d'une équipe, c'est à des capitaux étrangers qu'est confiée cette mission. Ceux-ci ne seront pas suffisants pour empêcher l'exode annuel des meilleurs joueurs sous d'autres cieux ; mais les Bleus ne devraient pas en pâtir plus que ça : sans aucun doute gagneront-ils d'autres trophées, donnant ainsi l'occasion de fêtes mémorables.

Remerciements

Toute ma reconnaissance va à Guillaume Robert, Nicolas Côte, Philippe Collin, Fabien Théofilakis, Clément Dirson et Josfran De Lima Soares – chacun d'entre eux sait pourquoi il apparaît ici.

Pour aller plus loin

Sur le développement du football en Grande-Bretagne
(Londres, Kennington Oval, Angleterre-Écosse 1-1, 5 mars 1870)

Sébastien Darbon, *Diffusion des sports et impérialismes anglo-saxons. De l'histoire événementielle à l'anthropologie*, Paris, Éditions de la Maison des sciences de l'homme, 2008.

Andy Mitchell, *First Elevens. The Birth of International Football and the Men who Made it Happen*, Édimbourg, Andy Mitchell Media, 2012.

Matthew Taylor, *The Association Game. A History of British Football*, Londres, Routledge, 2013.

Tony Collins, *How Football Began. A Global History of How the World's Football Codes Were Born*, Londres, Routledge, 2019.

Sur le football indien
(Calcutta, Eden Gardens Cricket Ground, Mohun Bagan-East Yorkshire Regiment 2-1, 29 juillet 1911)

« Empire, Nation, Diaspora », *Soccer & Society*, 2/2, 2001.
« History of Indian Football », *Soccer & Society*, 6/2-3, 2005.
Pierre Singaravélou, Julien Sorez (dir.), *L'Empire des sports. Une histoire de la mondialisation culturelle*, Paris, Belin, 2010.

Sur la première Coupe du monde en Uruguay
(Montevideo, Estadio Centenario, Uruguay-Argentine 4-2, 30 juillet 1930)

Lorenzo Jalabert D'Amado, *Aux origines de la Coupe du monde de football : Montevideo 1930. Culture de masse, usages politiques du sport et construction nationale*, Rennes, PUR, à paraître.

Sur le football danubien et le match de l'Anschluss
(Vienne, Praterstadion, Altreich-Ostmark 0-2, 3 avril 1938)

Roman Horak, Wolfgang Maderthaner, *Mehr als ein Spiel. Fussball und populare Kulturen im Wien der Moderne*, Vienne, Löcker, 1997.
Pierre Lanfranchi, Matthew Taylor, *Moving with the Ball. The Migration of Professional Footballers*, Oxford-New York, Berg, 2001.

Olivier Villepreux *et al.*, *Débordements. Sombres histoires de football 1938-2016*, Paris, Anamosa, 2016.

Sur le football en URSS

(Leningrad, île Krestovski, Dynamo-Zénith 2-2, 6 juin 1942)

Robert Edelman, *Serious Fun. A History of Spectator Sports in the USSR*, Oxford-New York, OUP, 1993.

Sylvain Dufraisse, *Les Héros du sport. Une histoire des champions soviétiques (années 1930-années 1980)*, Ceyzérieu, Champ Vallon, 2019.

Sur le « miracle de Berne »

(Berne, Wankdorfstadion, Hongrie-Allemagne de l'Ouest 2-3, 4 juillet 1954)

Alfred Wahl, *La Seconde Histoire du nazisme dans l'Allemagne fédérale depuis 1945*, Paris, Armand Colin, 2006.

Sur le *calcio* italien

(Rome, Stadio Olimpico, Roma-Lazio 3-0, 27 octobre 1957)

Fabien Archambault, *Le Contrôle du ballon. Les catholiques, les communistes et le football en Italie*, Rome, BEFAR, 2012.

Sur le *futebol* brésilien

(Mexico, Estadio Azteca, Brésil-Italie 4-1, 21 juin 1970)

Clément Astruc, « Pelé et le monde », *Transatlantic Cultures* [en ligne], 2021.

Sur le derby de Glasgow

(Glasgow, Celtic Park, Celtic-Rangers 2-1, 3 janvier 1972)

Bill Murray, *The Old Firm. Sectarianism, Sport and Society in Scotland*, Édimbourg, John Donald, 2000.

Sur le match RFA-RDA de 1974

(Hambourg, Volksparkstadion, RFA-RDA 0-1, 22 juin 1974)

Philippe Collin, Sébastien Goethals, *La Patrie des frères Werner*, Paris, Futuropolis, 2020.

Sur le football en France

(Saint-Denis, Stade de France, France-Brésil 3-0, 12 juillet 1998)

Alfred Wahl, Pierre Lanfranchi, *Les Footballeurs professionnels en France des années trente à nos jours*, Paris, Hachette, 1995.

Fabien Archambault, Stéphane Beaud, William Gasparini (dir.), *Le Football des nations. Des terrains de jeu aux communautés imaginées*, Paris, Éditions de la Sorbonne, 2018.

TABLE DES MATIÈRES

Cet ouvrage a été mis en pages par

<pixellence>

Imprimé en France par CPI
en septembre 2022

Dépôt légal : octobre 2022
N° d'édition : 550071
N° d'impression : 171556